Das Leben wagen

mit Leidenschaft

Das Leben wagen mit Leidenschaft

Erläuterungen zum Kurs 11 (EF) des Faches Katholische Religionslehre

von Axel Burghausen

Das Titelbild: F.J. Rogner, Schritt ins Leben
:in Religion 4/2012, M 11/2. (Copyright: Deutscher
Sparkassenverlag, Stuttgart 1977)

Herstellung und Verlag:
BoD - Books on Demand, Norderstedt
ISBN 978-3-7534-2127-8

Inhaltsverzeichnis

II

Gebrauchsanweisung für meine Erläuterungen

Dieses Buch ist das erste in der Kursabfolge der Gymnasialen Oberstufe, aber schon das dritte in der Abfolge der Entstehung. Die Corona-Pandemie hat mich auf die Idee gebracht, das, was ich bisher meinen Schülern im Unterricht vermittelt habe, nun im Ruhestand in schriftlicher Form zu fixieren. Sie bedingte auch, dass ich mit meinem letzten Kurs, der 12/II, begonnen habe. Nun wird sozusagen die Grundlage nachgeliefert.

Die Gliederung richtet sich nach meinem Vorgehen im Unterricht. Allerdings habe ich in diesem Band die ebenfalls für die Jahrgangsstufe 11 vorgesehene Einführung in die Ethik ausgelassen, da es zu einer Doppelung mit dem vorgesehenen Band zur 13/I gekommen wäre. Das betrifft auch das Thema Sterbehilfe. Als Ersatz habe ich einzelne Aspekte ergänzt, die ich früher in der 11 unterrichtet hatte, in der letzten Zeit aber nicht mehr. (Das betrifft vor allem den Punkt 5.)

Jedes Kapitel beginnt mit einer Angabe der Grundlage(n). Das sind die Medien, die die Schüler im Unterricht bearbeitet haben. Es geht mir aber nicht darum, meine Methodik darzustellen oder den faktischen Unterricht zu protokollieren, sondern lediglich die durchgenommenen Inhalte in meinen Worten (aber auf der Verständnisebene meiner Schüler) zu erläutern. Daher war ich bemüht, die Aspekte so zu formulieren, dass sie auch ohne Kenntnis der zugrunde liegenden Texte und meiner Arbeitsaufgaben zu verstehen sind. Bei der Beschreibung der Bilder könnte sehr wohl das Bedürfnis entstehen, meine Ausführungen mit dem Original zu vergleichen. In der Regel sind die Abbildungen aber ohne Weiteres im Internet zu finden.

Ich bin der Überzeugung, dass dem heutigen Religionsunterricht ausschließlich eine „Theologie von unten" (vgl. dazu 1.3) angemessen ist. Daher gehen die Themen in Jgst. 11 zunächst vom Menschen und seinen Erfahrungen aus. In Jgst. 12 kommen dann die eigentlich theologischen Themen (Gotteslehre und Eschatologie, jeweils verbunden mit Aspekten der Christologie), in der Jgst 13 folgen die eher praktischen Aspekte (Ethik und Kirche). Der Blick auf die Bedürfnisse der Schüler bedingt auch meine stark problemorientierte Vorgehensweise, d.h. keine strenge Gliederung nach den theologischen Traktaten.

1 Ich bin dann mal religiös – religiöse Ausdrucksformen im Alltag

1.1 Wohin der Weg mich führt …
Grundlage: unterschiedliche Medien

In einer Karikatur (Signatur: Kiefersauer) sieht man einen Schiffbrüchigen auf einem Floß inmitten einer großen Wasserfläche, offensichtlich eines Ozeans. Das Hemd des Mannes dient als Segel (vielleicht auch nur als eine Art Fahne, um besser sichtbar zu sein), das an einem schmalen Holzmast befestigt ist. Der Mann ist bärtig und hat abgesehen von einem notdürftigen Hosenschurz nichts an. Er ist also offensichtlich schon länger unterwegs. Weit und breit sind nur Wellen und im Hintergrund Wolken sowie zwei Vögel zu sehen, vor dem Mann aber ein großes Hinweisschild, das offenbar ins Meer gerammt ist. Auf diesem Schild sieht man auch nur Wasserfläche und Wellen sowie ein rotes Kreuz, darüber die Aufschrift: Sie befinden sich hier.

Hilfreich wird dieses Schild dem Mann nicht sein, denn außer der Angabe seines eigenen Standorts sind keine weiteren Markierungen zu erkennen, an denen er sich orientieren könnte. Er wird sich also weiterhin irgendwohin treiben lassen, ohne zu wissen, in welche Richtung er müsste, um am rettenden Ufer anzukommen.

Für viele Schüler und Schülerinnen ist das die Situation am Beginn der Gymnasialen Oberstufe, häufig aber auch noch an deren Ende. Man geht in die Oberstufe, weil man die Qualifikation erworben hat, und lässt sich mittreiben. Solange man seinen Stundenplan bekommt und den Anforderungen gerecht werden soll, braucht man nicht unbedingt Entscheidungen zu treffen, wie es mit einem weitergehen soll. Was ist eigentlich das Ziel des Weges?

Das Problem beschränkt sich aber nicht nur auf Schüler. Jeder Mensch benötigt eine Orientierung, eine Wegskizze. Er muss wissen, woher er kommt, und eine Vorstellung haben, wohin „die Reise" gehen soll, und er sollte Wege ansteuern, dieses Ziel zu erreichen. Religion kann bei dieser Orientierung helfen, beantwortet aber noch lange nicht alle individuellen Fragen. Der Wunsch, Meister des eigenen Lebens zu werden, erfordert auch die bewusste Aktivität des Einzelnen (vgl. hierzu 4.7).

Eine andere Karikatur, veröffentlicht im Duisburger Telefonbuch, zeigt einen Mann, der aus einem Flugzeug ausgestiegen ist und sich noch auf dem Rollfeld befindet. In der einen Hand trägt er eine Tasche, mit der anderen hält er ein Handy an sein

Ohr. Er sagt: „Können Sie mal bitte feststellen, wo ich hier bin, was ich hier soll und wie lange das Ganze dauert ..." Diese Karikatur unterstreicht, dass es auch für Erwachsene nicht selbstverständlich ist, ihr eigenes Leben steuern zu können. Zu reisen, also im Leben fortzukommen, bedeutet eben noch lange nicht, in seiner Tätigkeit und seiner Lebensgestaltung „zu Hause" zu sein. Der Witz der Zeichnung besteht darin, dass der Mann einem anderen (der Telefonauskunft?) eine Frage stellt, die er selber für sich beantworten müsste.

Das Bild „Schritt ins Leben" von F.J. Rogner aus dem Jahre 1977 (s. das Titelbild) zeigt einen jungen Mann, der einen Raum verlässt, um eine nach oben führende Treppe zu betreten. Hinter ihm sind in dem Raum ein Schaukelpferd, eine Schultasche, mathematische Formeln auf einer Wandtafel, und – versteckt hinter der geöffneten Tür – ein Teddy zu sehen. Der Mann lässt die vertraute, gemütliche (Parkettboden) Umgebung von Kindheit und Jugend hinter sich und tritt hinaus „ins Leben". In der Hand hält er zwei Bücher, d.h. er nimmt das erworbene Wissen, seine Bildung, mit auf seinen Weg. Die Treppe, die vor ihm steht, führt nach oben in das Leben der Erwachsenen, sie windet sich aber auch und verliert sich im Ungewissen. Der Weg des Mannes erscheint steil, anstrengend, unwirtlich, er gerät aus der überschaubaren, behüteten

Umgebung in eine anonyme Sphäre (monotone Häuserfront). Dort muss er sich erst zurechtfinden und lernen sich durchzusetzen.

Der Schritt ins Leben wird in diesem Bild als Risiko und Chance zugleich dargestellt. Im Unterschied zur Situation des Schiffbrüchigen in der ersten Karikatur hat der junge Mann Orientierungspunkte, die hinter und vor ihm liegen. Dennoch bedeutet der Schritt in etwas Neues für ihn ein Wagnis, auf das er sich einlassen muss. Es eröffnet ihm eine eigenständige Gestaltung seines Lebens, eine gewisse Freiheit, er wird aber auch nicht mehr behütet und muss seine Fehler selbst machen und – hoffentlich – aus seinen Erfahrungen lernen und reifen.

Ein asiatischer Weisheitstext (deutsche Fassung von Wolfgang Poeplau) lautet:

Wenn du zum Tor des Lebens gelangen willst, musst du aufbrechen, einen Weg suchen, der auf keiner Karte verzeichnet und in keinem Buch beschrieben ist. Dein Fuß wird an Steine stoßen, die Sonne wird brennen und dich durstig machen, deine Beine werden schwer werden. Die Last der Jahre wird dich niederdrücken.

Aber irgendwann wirst du beginnen, diesen Weg zu lieben, weil du erkennst, dass es dein Weg ist. Du wirst straucheln und fallen, aber die Kraft haben, wieder aufzustehen. Du wirst Umwege und Irrwege gehen, aber dem Ziel näherkommen.

Alles kommt darauf an, den ersten Schritt zu wagen. Denn mit dem ersten Schritt gehst du durch das Tor.

1.2 Alle Probleme beginnen damit, dass wir nicht zu Hause bleiben.

Grundlage: Spielfilm: Broken Silence

Der Karthäuser-Mönch Fried erhält im Spielfilm „Broken Silence" von Wolfgang Panzer aus dem Jahre 1995 den Auftrag, aus der Schweiz nach Indonesien zu reisen, um bei einer schwer erreichbaren Vulkanologin die Verlängerung des Pachtvertrages seines Klosters zu erreichen. Da er 25 Jahre lang schweigend in seiner Zelle, seinem kleinen Wohnbereich im Kloster, gelebt hat, hat er Schwierigkeiten, sich seinem Auftrag und der ungewohnten Umgebung anzupassen. Die junge Amerikanerin Ashaela bestiehlt ihn zunächst, hilft ihm dann aber, seinen Weg zu finden und sein Ziel zu erreichen. Da sie an einer vererbten Herzschwäche leidet, stirbt sie am Strand von Indonesien und wird von Fried ihrem Wunsch entsprechend verbrannt. Auf seiner Rückreise legt er in New York die Beichte ab, die die Rahmenhandlung des Films darstellt.

Fried erscheint zunächst als sehr begrenzt, in sich geschlossen. Er hält es im Flugzeug nicht mehr aus, sodass er seine Reise in Indien unterbrechen muss und sich mit Ashaelas Hilfe einen neuen Weg sucht. Er versucht krampfhaft weiter so zu leben, wie er es in der Schweiz gewohnt war (Gebet mitten in der Nacht, warme Socken, kratzendes Unterhemd). Andererseits lässt er sich auf die flippige Amerikanerin ein und „taut" langsam auf. Ins Kloster ist er eingetreten, um ein „klares Leben zu führen, frei von menschlichen Schwächen, die anderen nur Leid zufügen". In der Auseinandersetzung mit der „realen" Welt erlebt und reflektiert er, wie unvollkommen dieser Läuterungsprozess gelungen ist.

Das Schweigegelübde der Karthäuser (die sich nur auf die allernotwendigsten Worte beschränken) hilft, sich ganz auf sich und seine Beziehung zu Gott zu konzentrieren, ohne sich von Nebensächlichem, Zerstreuendem ablenken zu lassen. Wer sich darin übt, über einen längeren Zeitraum zu schweigen, durchschreitet die „Wüste" der Selbsterkenntnis. Zunächst werden gerade die verschiedensten Erinnerungen, Emotionen, Erwartungen usw. seine eigenen Dämonen, das Bewusstsein „befeuern". Sie vorbeiziehen zu lassen, um auf den Grund der Gottesbeziehung zu gelangen, ist ein Prozess, der lange Übung verlangt. Auch wenn die christliche Meditation im Vergleich zum Zen-Buddhismus stärker inhaltlich geprägt ist (z.B. in Auseinandersetzung mit den Psalmen oder der Passion Christi), geht es immer darum, sein Inneres ganz in das heilige Geschehen hineinzustellen und Gott zu erfahren.

Die Gewohnheit, sich in der Zelle in erster Linie mit sich selbst und seinen Dämonen auseinander zu setzen, führt dazu, dass Fried verlernt hat zu fragen. So erfährt er erst am zehnten Tag der gemeinsamen Reise von Ashaelas Herkunft und Vergangenheit. Schließlich ist er aber sensibel genug, den Grund für ihre Angst, die Herzschwäche, zu erkennen und mitfühlend auf eine Durchfall-Erkrankung zu reagieren.

Ein wichtiges Leitmotiv für Fried und den ganzen Film ist ein Zitat von Blaise Pascal: „Alle unsere Probleme beginnen damit, dass wir nicht zu Hause bleiben." Die Menschen, so kritisiert Fried, suchten Zerstreuung, strebten nach Geld und Erfolg, um den Gedanken an ihren Tod zu verdrängen. Sie lebten, als könnten sie ewig leben. Sein Leben im Kloster ist für ihn auch eine Einübung in den Tod.

Ganz anders fühlt Ashaela. Für sie ist Leben Bewegung. Sie hat in einer Band als Schlagzeugerin ausgeholfen und swingt mit der Musik, auch der fremden indischen. Ihre Fröhlichkeit und Frechheit überdecken aber ihre existentielle Angst. Sie weiß, dass sie bald sterben wird und dies ihre letzte Reise ist. Ihre Mutter ist mit 20 Jahren gestorben, und Ashaela, die die Herzschwäche von ihr geerbt hat, ist nun 20 Jahre alt.

Ein zentrales Thema des Films ist der Glaube. Ashaela, die schon in der Schule provokative, aber im Grunde intelligente Fragen gestellt hat, fordert immer wieder Frieds Antwort heraus, weil sie ihn in seiner Lebensweise verstehen will. Glaube und Zweifel hängen für ihn eng zusammen. Es vergehe kein Tag, an dem er nicht zweifeln würde, aber ohne Zweifel müsste er auch nicht glauben. Zudem fördere der Zweifel die Offenheit für die Wahrheit. „Im Glauben führt absolute Sicherheit nur zu Fanatismus". Fried macht aber auch deutlich, dass er es im Grunde selber sei, an dem er zweifle.

Schuld und Vergebung sind ein zweites wichtiges Thema des Films. Ashaela steckt Frieds zu Boden gefallene Brieftasche mit seinem Geld und der Kreditkarte ein, bekommt dann ein schlechtes Gewissen und „bezahlt" für ihn und sich selber die Reise. Fried ist zu naiv und zu vertrauensselig, um diesen Prozess zu durchschauen. Er sieht Ashaelas Aktion als Antwort Gottes auf seine Gebete. Mehr als diese Hilfe brauche er nicht.

Als Fried badet, kommt Ashaela ins Bad und versteht seine Aufregung nicht. Sie wirft, ohne ihn zu fragen, sein Unterhemd und seine Socken weg, weil sie der Temperatur nicht angemessen seien und inzwischen stänken. Damit verletzt sie aber sein Vertrauen und ignoriert sein Wertesystem.

Als sie in der Wüste übernachten müssen und erkennen, wie kalt es dort in der Nacht wird, erhalten die Sitten der Karthäuser einen neuen Hintergrund. Die Wüstenmönche, auf die sich der Orden beruft, benötigten diese Kleidungsstücke, um sich warm zu halten. Ahaela entschuldigt sich für ihre fehlende Sensibilität, und beide sprechen über ihre Gefühle bei diesem Konflikt.

Als Ashaela krank wird und glaubt, es könne mit ihr zu Ende gehen, „beichtet" sie Fred auch ihren Diebstahl. Sie fühlt sich jetzt besser und hofft, dass er sie noch gerne habe. Er beruhigt sie und wacht an ihrem Bett.

Am Ende der Reise ist es für Fried ein dringendes Bedürfnis, seine Sünden im Angesicht Gottes vor einem amerikanischen Priester zu beichten. Das Sakrament der Versöhnung ist ein Angebot der Kirche, angesichts der Umwege und der Inkonsequenz menschlichen Lebens sich wieder der Beziehung zu Gott bewusst und ihr gerecht zu werden. Die vom Priester ausgesprochene Vergebung wird als unmittelbare Vergebung Gottes geglaubt. Fried ist es ein Anliegen, dem Priester die ganze Geschichte der Reise zu erzählen und sich so selber der erfahrenen Gefährdungen und Lernprozesse zu vergewissern.

Der Beichtvater der Rahmenhandlung erscheint alles andere als ein vorbildlicher Priester. Er benutzt im Beichtstuhl seinen Flachmann und das Handy, zeigt deutlich seine Ungeduld und seine fehlende Sensibilität für die inneren Nöte seiner Mitmenschen. Frieds Beichte öffnet ihm aber den Sinn für seine eigenen Zweifel am Glauben und seiner „geistlichen" Lebensweise. Auch er wird sich mit seinem Leben auseinandersetzen.

1.3 Was ist Religion und wozu dient sie?

Grundlage: Arbeitsblätter: Religion – was bedeutet das für mich?
Religion – was ist das eigentlich?
Leistungen und Aufgaben von Religion

Erhebliche Teile dieser Einheit basieren auf der persönlichen Einschätzung der Schüler. Hier kann man nicht zwischen richtig und falsch unterscheiden. Bei der Aufgabe, wichtige Begriffe in eine Rangliste zu stellen, die erklären, was Religion für den Einzelnen bedeutet, ergeben sich aber deutliche Muster.

So gibt es die Reihenfolge, die vor allem Grundbegriffe des Glaubens verwendet (Gott, Jesus, Auferstehung, Bibel ...). Andere Schüler identifizieren Religion vor allem mit Geboten und Pflichten (Gebot, Normen, Moral..., evtl. auch Hölle).

Schließlich gibt es Menschen, die ihre existentielle Bedeutung in den Mittelpunkt stellen (Lebenssinn, Vertrauen, Hoffnung …).

Diese Grundmuster zeigen sich natürlich auch gemischt. Auch wenn die Bewertung als richtig und falsch hier keine Rolle spielt, bin ich der Überzeugung, dass Gebote nicht die zentralen Aspekte von Religion sind.

Auch die Auswahl zwischen unterschiedlichen Zitaten, was Religion eigentlich sei, ist offen und individuell. Skeptische oder ungläubige Schüler werden religionskritische Zitate bevorzugen (z.B. Cees Nooteboom: „Religionen sind die falschen Antworten auf die immergleiche Frage: Wozu sind wir auf der Welt?").

Eine Bestimmung, die in den letzten Jahrzehnten erheblichen Einfluss gewonnen hat und einen erweiterten Religionsbegriff definiert, ist der Satz von Paul Tillich: "Religion ist das, was uns unbedingt angeht." Für jeden gläubigen (oder „gläubigen") Menschen könnte es sich lohnen, Gewissenserforschung zu betreiben: Was ist das Wichtigste in meinem Leben, das mich innerlich beschäftigt und auf das ich auf keinen Fall verzichten möchte? Ist das wirklich Gott? Nach meiner Beobachtung ist das bei vielen das Handy, ohne das sich die meisten nur als halbe Menschen wahrnehmen.

Die Zitate, die der Religion gegenüber positiv eingestellt sind, sind in zwei Gruppen einzuteilen: Religion von oben und Religion von unten. Wesentlicher Ausgangspunkt der ersten Gruppe ist die Offenbarung. Alles geht von Gott aus. Er hat nicht nur alles, also auch den Menschen, geschaffen, sondern er hat sich ihm auch in besonderen Situationen gezeigt. Um zu bestimmen, was Religion ist, müsse man also zuerst über Gott reden und dann über die Wirkungen seines Handelns auf die Menschen und ihre Pflichten, die sich daraus ergeben. Der Ausgangspunkt der Religion von unten ist die menschliche Erfahrung. Menschen haben Gott in einer bestimmten Lebenssituation erfahren, und nur durch diese Erfahrungen haben wir Kenntnis von Gott. Man müsse also zuerst über den Menschen sprechen und dann über Gott und die himmlische Wirklichkeit, die diesen Erfahrungen entspricht. Beide Ansätze haben ihre Berechtigung und ergänzen sich gegenseitig. Ich bin aber der festen Überzeugung, dass es im Religions-unterricht sinnvoll ist, die menschlichen Erfahrungen als Ausgangspunkt zu wählen, was ich in diesem Buch auch mache.

Vor einigen Jahren habe ich versucht, meine eigene Religionsdefinition zu formulieren. In dem Wusch, alle wesentlichen Aspekte zu berücksichtigen und möglichst allen Religionen gerecht zu werden, ist sie naturgemäß sehr allgemein und abstrakt ausgefallen. Dennoch zweifle ich daran, dass es mir völlig gelungen ist, da mindestens der Theravada-Buddhismus ohne jede Vorstellung einer Gottheit auskommt. Meine Definition ist:

Religion ist das Überschreiten der eigenen Person als Bewusstseins- und Handlungsakt mit dem Ziel, sich auf einem Weg innerhalb einer Gemeinschaft einem absoluten Beziehungspartner anzunähern, der als Ermöglichungsgrund dieser Überschreitung geglaubt wird, und damit zugleich dem eigenen Leben und den innerweltlichen Beziehungsgeschichten Richtung und Sinn zu geben.

Auch wenn es ein Fehler wäre, Religion auf ihre Funktionen zu reduzieren, so ist dennoch nicht zu übersehen, dass sie bestimmte Funktionen erfüllt. Die Überlegungen von Dieter Stoodt und Franz Xaver Kaufmann lassen sich auf fünf Kategorien konzentrieren.

Die psychische Funktion von Religion benennt ihre Kraft, den Menschen von krankmachenden Emotionen zu reinigen und ihm Hilfe bei der Bestimmung seiner Identität zu geben. Gebet und Gottesdienst, also die rituelle, feiernde Kommunikation mit dem Göttlichen, spielen hier eine wesentliche Rolle. Es gibt Untersuchungen, die zeigen, dass religiöse Menschen in der Regel stärkere Widerstandskräfte gegen Krankheiten aufweisen als nicht religiöse. Allerdings hängt das stark vom jeweiligen Gottesbild ab. Religion kann auch krank machen, wenn sie Angst erzeugt.

Die weltanschauliche Funktion hilft dem Menschen, seinen Standort im Weltganzen zu finden und den Sinn seines Lebens zu definieren. Die Auseinandersetzung mit den heiligen Schriften spielt hier die zentrale Rolle.

Die ethische Funktion gibt dem Gläubigen Handlungssicherheit, vermittelt ihm Werte und Normen. Er steht hier in einer Tradition ethischer Überzeugungen, die er aber auch immer hinterfragen kann.

Die gesellschaftliche Funktion bezieht sich auf das menschliche Bedürfnis nach Gemeinschaft, nach Gleichgesinnten. Die Erfahrung von Gemeinde oder religiösen Gruppen vermag dem Menschen Heimat zu vermitteln, solange der Gemeinschaftsbezug nicht in Zwang und Fanatismus ausartet.

Wichtig ist aber auch die Emanzipationsfunktion von Religion. Die Erfahrung der Differenz zwischen der realen Welt und einer gottgewollten Ordnung ruft immer wieder zu Prophetie, zu Protest und Widerstand auf. Je größer diese Differenz ist, umso mehr hat die Religion die Aufgabe, ungerechte und menschenunwürdige Verhältnisse in Frage zu stellen.

1.4 Was uns heilig ist … Religion im Alltag
Grundlage: unterschiedliche Medien

Die Karikatur „Für sich selbst gezeichnet" von Johannes Mertens zeigt einen Mann, der, die gefalteten Hände flehend in die Höhe gereckt, vor einem persönlichen Altar ausgestreckt liegt. Da der Betrachter frontal auf diesen Altar schaut und den Mann nur von hinten wahrnimmt, wird er mit der Frage konfrontiert, ob er Ähnliches verehrt wie der betende Mann vor ihm.

Der nach oben ragende Aufbau, vor dem der Mann liegt, ähnelt ein wenig einem barocken Altar, findet aber durch die eingebauten Symbole, die das Gebilde fast wie eine menschliche Gestalt (mit Gesicht) erscheinen lassen, seine spezifische Ausprägung. Die Symbole stehen (von oben nach unten) für: Fußball, Glück, Automobil, Speisen, Rauchen, Alkohol, Telefon, Glücksspiel, Zeit, Körperkult und Sexualität, Nation, Sternzeichen, Geld. Zwar ist die Karikatur schon etwas älter, und man müsste heute z.B. das Telefon durch ein Handy, den Fernseher vielleicht durch einen Laptop ersetzen, doch bleibt die Frage aktuell: Welche Glücksversprechen des Alltags nehmen uns so gefangen, dass wir vor lauter Hoffen und Bangen nicht dazu kommen, wirklich zu leben? Was ist uns wirklich heilig, jenseits offiziell abgelegter Bekenntnisse?

Das arrangierte Foto „Madonna" (2009) von Maike Brautmeier problematisiert und aktualisiert die traditionelle Vorstellung von Heiligen. Dargestellt ist eine Frau mit fromm gefalteten Händen, das Gesicht demütig schräg nach unten geneigt, mit einem hellen Umhang und einer Kapuze auf dem Kopf. Diese Haltung erinnert an Darstellungen der Gottesmutter Maria, wie sie in gläubigen Familien an der Wand hängen könnte. Maria wird dort dargestellt als die Frau, die sich ganz dem Willen Gottes ergibt, auf jede Selbstverwirklichung verzichtet. Dieses Madonnen-Ideal entsprach lange Zeit der dienenden Funktion der Frau in der Familie.

Die „Madonna" Brautmeiers irritiert aber zugleich durch Attribute, die zu diesem Klischee nicht passen: Sie hat geschminkte Wimpern, rote Lippen und gepflegte, rote

Fingernägel. An beiden Armen und auch auf der Brust sind eine Fülle bunter Tatoos zu erkennen, neben unterschiedlichsten Symbolen und Darstellungen von Pflanzen und Tieren auch die „Gefalteten Hände" von Dürer. Zudem ist das Gesicht zwar geneigt, die Augen richten ihren Blick aber dennoch nach oben. Diese „Heilige" ist lebensfroher und selbstbewusster, als ihre Haltung es vermuten lässt.

Die demütige und die selbstbewusste Maria stehen für den Betrachter in einem Kontrast, der den Reiz des Fotos ausmacht. Wie stellen sich heute Heilige dar? Wenn sie einfach nur unterwürfig sind, kann man sie wohl kaum als heilig ansehen. Das alte Ideal diente wohl eher dazu, Heiligkeit zu verhindern und blinden Gehorsam zu prokla-mieren.

In einer Werbeanzeige der Kleidermarke Viva Maria sieht man eine sitzende, blonde junge Frau, die eine schwarzhaarige junge Frau auf ihrem Schoß hält. Diese ist leicht vornübergebeugt und lässt ihren linken Arm zur Seite fallen. Beide tragen Unterwäsche mit Abbildungen der Jungfrau Maria auf Bustier bzw. BH sowie einem Kreuz auf dem Tanga.

Neben dieser Abbildung steht ein englischer Text, in deutscher Übersetzung; „Anett und Maja teilen denselben Standpunkt in Bezug auf Kerle. Sie mögen sie, um frische Luft zu haben." Hier erhält ein religiöses Symbol ein jugendliches, sexualisiertes Image, das die lockere, selbstbewusste junge Frau zum Kauf der Unterwäsche anhalten soll.

Die Werbeanzeige arbeitet – passend zum Namen der Marke – bewusst mit religiösen Assoziationen. Auch wer das nicht sofort erkennt, wird unterbewusst die Ähnlichkeit mit dem Motiv der Pietà (z.B. von Michelangelo) bemerken. Die trauernde Maria hält den Leichnam ihres toten Sohnes in ihrem Schoß. Der nach hinten hängende Kopf Jesu und sein nach unten hängender rechter Arm verdeutlichen seine Leblosigkeit. Der Blick der Mutter richtet sich auf ihren toten Sohn. Pietà, Frömmigkeit, heißt die Skulptur. Fromm ist, wer auf Jesus schaut, der sein Leben nach ihm ausrichtet. Maria erscheint hier als Vorbild für den Christen, der diese Haltung beim Betrachten des Kunstwerks lernen soll. Die Frau auf dem Werbebild schaut dagegen den Betrachter direkt an und appelliert somit an sein Kaufverhalten.

Es „zeigen sich Spuren und Elemente des Religiösen mitten in der säkularen Wirklichkeit, also im Bereich des Profanen und Alltäglichen..." Diese Aussage des Theologen Arno Schilson passt auch zu einer Werbeanzeige für den FC Sankt Pauli. In dem Gestühl und vor den Fenstern einer Kirche stehen die Spieler des Vereins in drei Reihen zum Mannschaftsfoto. Die vordere Reihe hat die Hände gefaltet und korrespondiert damit mit den Torhütern, die jeweils einen Ball vor sich halten. Auf der Fensterebene erklärt ein Spruchband: Wir glauben an den FC Sankt Pauli. Dieser Spruch bleibt mehrdeutig, denn das „Wir" kann sich auf die Spieler beziehen, die hinter ihrem Verein stehen, es kann aber auch den Betrachter, den Fan ansprechen und an seine Reue appellieren. Im unteren Bereich der Abbildung sind die Namen der Spieler, die Logos der Sponsoren und das Wappen des Vereins zu erkennen.

Der Stadtteil Sankt Pauli ist nach der 1682 dort errichteten Kirche des Heiligen Paulus benannt. Mit dieser vierfachen Bedeutung von Sankt Pauli (Heiliger, Kirche, Stadtteil, Verein) spielt diese Werbung. Fan dieses besonderen Vereins zu sein, wird somit zu einem religiösen Verdienst.

2 Umwege führen zum Ziel – Jakobs Weg gegen, vor und mit Gott

2.1 Ich setze mich durch – den Bruder in mir beiseiteschieben
Grundlage: Gen 25,19-34; 27,1-40 Gen 27,41-45: 28, 10f.

„Geschwister lieben sich spät oder nie." Diesen Satz zitierte mein Bruder häufig. Woher er ihn hatte, weiß ich nicht. Ich war ein Nachkömmling, „der Kleine", acht Jahre jünger als er und

„Ersatz" für eine sehr früh verstorbene Schwester. Ich wurde umhegt und gepflegt, hatte es in allem leichter als mein Bruder, der viel strenger erzogen worden war. Ich durfte mir einiges herausnehmen und manchmal nutzte ich das aus. Aber auch abgesehen davon gewann ich eine Sicherheit, die mir in meinem Werdegang nutzte. Mit der Distanz der Jahre und des Lebensraumes konnte sich vieles versachlichen. Dass ich von meinem Bruder auch manche Impulse übernommen, manches gelernt hatte, wurde mir immer bewusster. Die Unterschiede in der Mentalität und der Lebensweise konnten in der Entfernung leichter toleriert werden.

Die Nähe zu den Geschwistern bedingt die häufige Ambivalenz dieser Beziehung, die von Vertrautheit und Konkurrenzstreben gleichermaßen geprägt ist. Man hilft sich und giftet sich an und hofft, bald ganz über sein eigenes Leben bestimmen zu können.

Die Geschichte von Jakob und Esau stellt eine äußerst problematische Bruderbeziehung dar, kann aber noch viel mehr verdeutlichen: Im Mittelpunkt der Bibel sind unvollkommene, fehlbare Menschen, die dennoch ihren Weg mit Gott finden und gehen, Beispiele für heutige Menschen mit ihren Sorgen und Hoffnungen.

Das Verhältnis der Zwillinge Esau und Jakob zeigt sich von vorneherein als Konkurrenzverhältnis. Beide sind in ihrer Art so verschieden, dass sie geradezu als Prototypen gelten können.

Esau, der Erstgeborene, wird vom Vater bevorzugt und soll den Segen erhalten, der ihm das Erbe zuspricht. Er ist Jäger, also auf seine zufallsbedingte Geschicklichkeit angewiesen, und „gleicht" auch in seinem Äußeren einem wilden Tier. Er ist rothaarig, sein Körper ist dicht behaart. Er durchstreift die Landschaft auf de Suche nach Beute, einem geordneten Leben geht er nicht nach. So ist er auch nicht vom Verstand, sondern von seinen Trieben beherrscht. Er ist gierig, unbeherrscht, denkt nicht an die Folgen, plant nicht seine Zukunft. Zugleich zeigt er heftige Gefühle.

Der Zweitgeborene, Jakob, ist der Liebling der Mutter, zu der er eine große Nähe hat, weil er zu Hause bleibt und sich als Bauer und Viehzüchter um den landwirtschaftlichen Ertrag kümmert. So hat er frühzeitig gelernt, zu planen und sein Leben zu organisieren. Er ist vom Verstand geprägt, den er aber auch einsetzt, um die Schwächen seiner Mitmenschen auszunutzen und diese zu hintergehen. Schon bei einer „Kabbelei" im Mutterleib versuchte er, seinen Bruder zu überholen (Jakob wird in Gen 25,26 als „Fersenhalter" übersetzt), und auch später unternimmt er alles, um die Reihenfolge der Geburt zu berichtigen. Er nutzt die triebgesteuerte Schwäche Esaus aus, um sich das Erstgeburtsrecht zu erhandeln, und betrügt den erblindeten Vater, indem er sich als der andere Sohn ausgibt. So erschleicht er sich den väterlichen Segen. Seine Fähigkeit zu planen, von der Mutter noch unterstützt, steht unter dem Motto: Der Zweck heiligt die Mittel.

Auf die Frage, welcher Bruder der Sympathischere ist, nennen die meisten spontan Esau, zeigen sich also mit dem Opfer solidarisch. Man sollte bei der Beurteilung aber vorsichtig sein. Wie sympathisch ist der Mensch, der offenbar keinen Wert auf das Erstgeburtsrecht und die Tradition der Familie legt, jedenfalls wenn er Hunger hat, der unfähig ist, über den Augenblick hinaus zu denken und zu planen? Aber umgekehrt: Ist der Schlauere der bessere Mensch, derjenige, der dem blinden Vater auch noch die anderen Sinnesorgane betrügt und der nur an seinen eigenen Vorteil denkt? Der Interessantere der beiden Brüder ist er aber auf jeden Fall.

Neben einer mehr existentiellen Betrachtungsweise, die dazu einlädt, den Bruderkonflikt in der Bibel mit eigenen Erfahrungen zu vergleichen und daraus Handlungskonsequenzen zu ziehen, müssen noch eine kulturgeschichtliche und eine nationalgeschichtliche Interpretationsebene genannt werden. Der Text spiegelt die schrittweise Ablösung des Paläolithikum (der Altsteinzeit) durch das Neolithikum (die Jungsteinzeit). Der „dumme" Jäger und Sammler wird durch den Bauern und Viehzüchter abgelöst. Der Mensch ist nicht mehr auf den glücklichen Zufall angewiesen, seine Nahrung zu finden, sondern er lernt, die Natur in seinem Sinne zu beeinflussen und ihren Ertrag zu planen. Unser Wort „Kultur" kommt vom lateinischen „colere" (pflegen, bebauen). Der Siegeszug der Landwirtschaft in der „neolithischen Revolution" führte zur weitgehenden Sesshaftigkeit des Menschen und war damit die wesentliche Voraussetzung dessen, was wir heute unter Kultur verstehen. Der hier geschilderte Übergang wird von Gott gesegnet („Ja-kob-el" bedeutet als Name von seinem mesopotamischen Ursprung her „Gott schütze").

Gleichzeitig erklärt der Text aber auch Israels Überlegenheit gegenüber dem Nachbarvolk der Edomiter („adom" = rot, „se'ir" = behaart, erinnert an das Gebirge Seir, wo die Edomiter wohnen). Der Ersatzsegen, den Isaak über Esau spricht, ist für Beduinen nicht schlecht, er wertet ihre Lebensweise nicht grundsätzlich ab. Der Segen für den Bauern Jakob ist dagegen vorzüglich („kb" hier fälschlich von „Ferse" abgeleitet, daher die Übersetzung „Betrüger"). Die besondere Erwählung durch Gott rechtfertigt aber nicht, auf andere Völker herabzusehen.

Nach dem Tode des Vaters eskaliert der Konflikt der Brüder. Die „Niederlage" des triebgesteuerten, aber kräftigen Esau führt zu Aggressionsstau und Gewaltbereitschaft. Jakob, der sich nur auf Kosten seines Bruders durchsetzen konnte, muss die Heimat verlassen und sich auf die Flucht begeben. Er lernt, dass ein Segen kein magisches Wort ist, das automatisch wirkt. Statt die Früchte seines Betrugs zu genießen, verliert er alles: Heimat, Familie, Besitz. Jegliche Zukunft bleibt dunkel. Sein Bruder, vor dem er geflohen ist, verfolgt ihn innerlich – mindestens, was die Folgen seines Handelns betrifft. Und ob Gott ihn begleitet und schützt, ist ungewiss. Schuld macht den Menschen einsam.

2.2 Am Fußende der Leiter – Gotteserfahrungen und Alltag

Grundlage: Marc Chagall: Die Erscheinung
Gen 28,11-15
Marc Chagall: Jakobsleiter
Gen 29,1-30; 30,25-43

Was ist ein Traum? Jeder Mensch träumt in der Zeit des Schlafs viele Male, oft in der sogenannten REM-Phase, auch wenn er es am Morgen nicht mehr erinnert. Man ist sich inzwischen sicher, dass Träume in symbolischer Form Erlebtes und (nicht nur in der Schule) Gelerntes verarbeiten und damit im Unterbewussten „grundieren", für weitere Lebensprozesse verfügbar machen. Daran arbeitet das Gehirn fieberhaft, während große Teile des Körpers ruhen. Aus der Menge sinnlicher Wahrnehmungen des Tages wird das Wichtige ausgefiltert, anderes ausgeschieden. Es fallen dabei – ohne dass wir es bewusst steuern – Entscheidungen, die das weitere Leben beeinflussen können.

Daher haben die Menschen schon seit Jahrtausenden in ihren Träumen Eingangstore zur Zukunft, Boten eines göttlichen Willens, einer von Gott hervorgerufenen neuen Wirklichkeit gesehen. Der Psychologe C.G. Jung sagte: „Im Grunde genommen sind nur die Ereignisse meines Lebens erzählenswert, bei denen die unvergängliche Welt in die vergängliche einbrach. Zu ihnen gehören meine Träume..."

Das Bild „Die Erscheinung" von Marc Chagall aus dem Jahre 1917 vermittelt dem Betrachter zunächst eine etwas neblige, schwer zu überschauende Atmosphäre. Am auffälligsten ist auf der rechten Seite des Bildes ein weißer Engel mit riesigen Flügeln, der seine rechte Hand erhoben hat und offensichtlich etwas sagt oder ruft. Er schwebt auf Wolken, die den Boden weitgehend bedecken. Auf der linken Seite erkennen wir einen Maler, im Gegensatz zum Engel schwarz bekleidet, der mit einem Pinsel ein Bild malt. Er sitzt vor seiner Staffelei und hat seinen rechten Fuß auf einem Schemel. In der linken Hand hält er eine Palette. Er dreht sich, von seinem Bild weg, zum Engel hin. Entweder malt er ihn, oder die Erscheinung hat ihn in seiner Arbeit unterbrochen. Erst bei genauerer Betrachtung des Bildes wird der Raum als Zimmer deutlich. Man erkennt Fenster und evtl. gegenüber liegende Fassaden.

Marc Chagall wurde 1887 als ältester Sohn einer jüdischen Familie in Witebsk, einer weißrussischen Stadt, geboren. Er litt unter der bedrückenden Enge des Elternhauses mit acht Geschwistern, der Armut der Familie, der harten Arbeit seines Vaters, der für eine Heringshandlung Fässer rollen und stapeln musste und nur wenig dafür bekam. Umso heller leuchtete das vertraute Licht der jüdischen Riten und Feste, die herzliche Atmosphäre in der Familie, die vor allem von der Mutter geprägt wurde. Sie sorgte auch für seine Schulbildung und setzte durch, dass er sich als Maler ausbilden lässt, obwohl es in der jüdischen Tradition ein Bilderverbot gibt.

1909 lebt Chagall weitgehend mittellos in zufälligen, wechselnden Unterkünften in Sankt Petersburg, wo er die Kunstakademie besucht. Sein Talent wird noch nicht beachtet, seine Bilder nicht verkauft, seine Lage scheint hoffnungslos. Er berichtet später von folgendem Erlebnis: „Plötzlich öffnete sich die Zimmerdecke und ein geflügeltes Wesen schwebte hernieder mit Glanz und Gepränge und erfüllte das Zimmer mit wogendem Dunst. Es rauschen die schweifenden Flügel. Ein Engel! denke ich. Ich kann die Augen nicht öffnen, es ist zu hell, zu gleißend. Nachdem er alles durchschweift hat, steigt er empor und entschwindet durch den Spalt der Decke, nimmt alles Licht und Himmelblau mit sich fort. Dunkel ist es wieder. Ich erwache. Mein Bild Erscheinung gibt diesen Traum wieder." Dass er dieses Bild 1917, also acht Jahre später, gemalt hat, zeigt, welche Bedeutung dieser Traum für ihn hatte und wie er sein Leben verändert hat. Der Engel hat ihm kein Geld mitgebracht, eigentlich hatte sich nichts verändert. Aber Schritt für Schritt ging es für Chagall aufwärts, die Menschen wurden auf ihn aufmerksam, er hatte zunehmenden Erfolg und erhielt ein Stipendium, das ihm ermöglichte, 1910-1914 in Paris zu leben und sich dort in Auseinandersetzung mit den Malern der Moderne weiter auszubilden und seinen eigenen Stil zu finden.

Auch Jakobs Traum in Gen 28,12-15 trifft ihn in einer scheinbar hoffnungslosen Situation. Jakob sieht eine Treppe (häufig als Leiter übersetzt), auf der Engel hoch- und niedersteigen, also Himmel und Erde miteinander verbinden. Gott verkündet ihm Land und zahlreiche Nachkommen und verspricht ihm seinen Beistand. Nichts von dem Gesagten ist zu dem Zeitpunkt realistisch. Jakob ist ein heimatloser Flüchtling, der alles verloren hat und froh sein kann, noch am Leben zu sein. Außer diesem Traum verweist nichts darauf, dass es in der Zukunft andere Perspektiven gibt. Und dennoch enthält diese Verheißung ein „Saatkorn", das aufgehen und Jakobs Leben verändern wird.

Wieso aber hält Gott an diesem Betrüger, der es scheinbar gar nicht verdient hat, fest? Offensichtlich sieht er in ihm Möglichkeiten, die teilweise noch schlummern und die ihn befähigen werden, der Stammvater Israels zu werden. Gott lässt sich in seiner Verheißung nicht beirren, er plant die Zukunft gerade auch mit fehlerhaften Menschen. Schuld vermag den Menschen nicht endgültig von Gott zu trennen.

Vorbild für die Szenerie dieses Traumes sind die Stufentürme (Zikkurat), die es in Mesopotamien (heute Irak und angrenzende Gebiete) in jeder größeren Stadt gab. In der Bibel sind sie bekannt geworden durch den Turmbau zu Babel (Gen 11). Diese Zikkurat versinnbildlichten die Verbindung von Himmel (dem Stadtgott) und Erde und sicherten der Stadt Fruchtbarkeit, Leben und militärischen Erfolg zu. Am Neujahrsfest stieg der König nach oben zum Heiligtum und vereinigte sich dort mit der Oberpriesterin des Gottes, um durch diesen sexuellen Ritus den Wohlstand der Menschen für das beginnende Jahr zu sichern.

Jakobs Traum macht aber auch deutlich, dass Gottes Verheißung nicht auf Tempel und Priester angewiesen ist. Sie kann den Einzelnen immer und überall treffen, auch in der Fremde, wo er nicht damit rechnet. In dem Sinne gibt es keine heiligen Orte, bzw. sie werden durch Gottes Initiative überhaupt erst heilig gemacht. So entwickelte sich aus der Tradition der Jakobsleiter das Heiligtum von Bet-El (Haus Gottes), 17 km nördlich von Jerusalem.

In dem Gemälde „Jakobsleiter" von Marc Chagall aus dem Jahre 1976 sind die Bereiche von Erde und Himmel durch die Farben Braun und Blau gekennzeichnet. Links liegt Jakob ausgestreckt und schläft. Ein Baum voller Blüten und Früchte scheint gleichsam aus ihm herauszuwachsen und verweist auf die Verheißung seiner Fruchtbarkeit. Er soll Stammvater eines großen Volkes werden. Eine Frau mit Kind symbolisiert diese Zukunft. Sie ist blau gehalten, was deutlich macht, dass die Zukunft durch Gottes Segen entsteht. Esel und Hahn sind typische Symbole in Chagalls Werk und verweisen auf seine weißrussische Heimat.

Auf der rechten Seite des Bildes ragt eine Leiter schräg nach oben. Auf ihr steigen bzw. fliegen Engel hoch und runter. Blickfang ist aber in der Mitte des Bildes ein Oval, dessen blaue Farbe zum Zentrum hin immer dunkler und undurchdringlicher wird. Es bildet ein geheimnisvolles „Loch", das sich zugleich in Jakobs Körpermitte einschmiegt und damit die Assoziation einer „Schwangerschaft" nahelegt. So verbindet es die blaue, himmlische Farbe mit Jakobs liegendem braunen Körper. Gott „schlummert" also immer schon im Wesenskern des Menschen. Es bleibt dessen Aufgabe, sein Leben aus dieser Kraft zu gestalten.

Der jüdische Religionsphilosoph Martin Buber (1878-1965) berichtete von einem Ereignis, das sein Leben und seine Sicht auf die Religion veränderte. Buber, der sich intensiv mit jüdischer Mystik beschäftigt hatte, befand sich in einem Zustand religiöser Verzückung und Begeisterung, als er Besuch von einem seiner Studenten erhielt. Er behandelte ihn freundlich, ließ sich aber nicht empathisch auf dieses Gespräch ein. Er nahm nicht wahr, dass der Besucher in einer existentiellen Frage Rat und Hilfe benötigte. Nach dessen Tod wurde dem Philosophen bewusst, dass ein „Verweilen in höheren Sphären" daran hindert, die Bedürfnisse der Mitmenschen sensibel wahrzunehmen, und er fand zu den

Erfordernissen des Alltags. Nicht in Ekstase, sondern in den kleinen, häufig regelmäßigen Situationen des Alltags vollzieht sich Gotteserfahrung.

Eine ähnliche Erfahrung wird in Henry Millers Erzählung „Das Lächeln am Fuß der Leiter" (1948) deutlich. Bei den Zirkusaufführungen gerät der Clown August jeden Abend am Fuße einer Leiter , die gegen einen Mond gelehnt ist, in ekstatische Versenkung. Für einige Minuten vergisst er seine tatsächliche Umgebung und scheint gleichsam innerlich in eine andere Welt einzutauchen. Das Publikum reagiert fasziniert, wird aber ungeduldig und gereizt, als die Phase der Entrückung im Laufe der Zeit immer länger wird. Es sollte Unterhaltung bleiben, die Zuschauer wollten sich aber nicht selber auf diese Leiter hin entführen lassen. Als der Clown sah, dass er eine unüberwindliche Grenze zwischen sich und dem Publikum aufgerichtet hatte, gab er seine Tätigkeit auf und übernahm nun viele kleine, unbedeutende Aufgaben, mit denen er den Menschen im Zirkus diente. So wurde er selber zu einer Leiter, mit beiden Beinen auf der Erde und im Wissen um die andere Welt oben.

Auch Siddhartha aus Hermann Hesses gleichnamiger Erzählung (1922) findet nach langer Erkenntnissuche seine Erfüllung in der Tätigkeit als Fährmann, der Menschen über den Fluss setzt. Gotteserfahrung leitet die Menschen nicht aus der Welt heraus, sondern in die Welt hinein.

Jakob findet Zuflucht bei seinem Onkel Laban, dem Bruder seiner Mutter, der mit seiner Familie in Haran (heute im Süden der Türkei an der syrischen Grenze) lebt. Hier trifft der Betrüger Jakob auf das Schlitzohr Laban, das nur an seinen eigenen Vorteil denkt und den entfernt Verwandten ausbeuten will. Im Gegensatz zu seinem Bruder Esau findet Jakob hier einen ebenbürtigen Gegner.

Am Brunnen des Ortes trifft Jakob Rahel, die Tochter Labans, und verliebt sich in sie. Er ist bereit, sieben Jahre lang für Laban zu arbeiten, um dessen Tochter zur Frau zu erhalten. Nach dieser Zeit wird eine große Hochzeit ausgerichtet, Laban führt seinem Schwiegersohn aber die ältere Tochter Lea zu. Da die Braut verschleiert ist, merkt dieser den Betrug erst nach der Hochzeitsnacht. Laban begründet sein Handeln mit der Sitte, erst die ältere Tochter und danach die jüngere zu verheiraten. Tatsächlich geht es ihm aber darum, Jakob als Arbeitskraft an sich zu binden, da dieser ein „goldenes" Händchen für die Viehzucht mitbringt und großen Profit ein-bringt. So heiratet Jakob nun auch Rahel mit dem Versprechen, weitere sieben Jahre für seinen Schwiegervater zu arbeiten.

Als die Zeit um ist und Jakob nach Hause zurückkehren will, versucht Laban, ihn zum Bleiben zu ködern, und verspricht ihm Lohn für seine Arbeit. Jakob verlangt, scheinbar bescheiden, die gesprenkelten Tiere aus der Herde. Laban, der sich auch von denen nicht trennen will, entfernt sie um etliche Kilometer und unterstellt sie seinen Söhnen. Jakob aber lässt sich die kräftigen und gesunden weißen und schwarzen Schafe vor einem Rutengeflecht begatten. Der ebenfalls kräftige Nachwuchs hat nun ein gesprenkeltes Fell. (Diese merkwürdige Praxis erscheint wie eine antike Gen-Manipulation.) So sichert sich Jakob die besten Nachwuchstiere. Mit großem Reichtum und großer Familie (er hat inzwischen elf Söhne und eine Tochter) tritt er heimlich die Flucht an.

Parallel zu dieser Auseinandersetzung vollzieht sich der Konflikt der Frauen, der in Gen 29,31-30,24 dargestellt wird. Die hübsche Rahel mit ihren ausdrucksstarken Augen kann zunächst keine Kinder bekommen, während die blasse Lea nacheinander vier Kinder gebiert. Weil sie von Jakob weniger geliebt und geschätzt worden war, sieht sie jetzt die Gelegenheit, ihre Schwester zu demütigen. Rahel führt Jakob nun ihre Magd Bilha zu, die an Stelle der Herrin zwei Kinder bekommt. Es war damals rechtens, dass die Magd gebären konnte und das Kind rechtlich der Herrin zugeordnet wurde. (Das galt ja auch für die Geburt Ismaels durch die Magd Hagar.) Lea bringt nun auch ihre Magd Silpa ins Spiel, die mit Jakob zwei Kinder bekommt. Schließlich gebiert aber auch Lea selbst noch zwei Söhne und eine Tochter. Erst jetzt gelingt auch Rahel ihre erste Schwangerschaft. Sie gebiert Josef, der Jakobs Lieblingssohn wird. Später wird Rahel bei der Geburt ihres zweiten Sohnes Benjamin sterben, für Jakob ein Grund, ihre beiden Söhne besonders zu schätzen und zu bevorzugen. In dieser unterschiedlichen Wertschätzung liegt schon der Keim für die Familienkonflikte der nächsten Generation. (Die Josefsgeschichte ist vielen aus der Grundschule vertraut.)

2.3 Gesegnet und verletzt - Selbstbegegnung durch Gottesbegegnung

Grundlage: Gen 32,4-14
Gen 32,23-33
Marc Chagall: Der Kampf mit dem Engel
Gen 33,1-17
Strukturschema zu Gen 27-33

Jakob ist dem Zugriff Labans entkommen, doch das größere Problem steht ihm noch bevor: die Begegnung mit seinem Bruder Esau. Inzwischen sind 20 Jahre vergangen, aber ist wirklich Gras über die Sache gewachsen? Wie wird der

Hintergangene nach all der Zeit reagieren? Jakob ist zu Reichtum gekommen und zu einer großen Familie, aber Esau hat 400 starke Männer bei sich. Wird Jakob alles wieder verlieren, was er sich erarbeitet hat? Jakobs Schuldgefühle lassen ihm keine Ruhe, und er projiziert seine verdrängten Ängste auf die bevorstehende Begegnung mit dem Bruder. Soll er lieber zurückweichen? Aber dann wäre er sein Leben lang auf der Flucht.

Jakob wäre nicht Jakob, wenn er sich nicht in dreifacher Weise absichern würde, bestrebt, den möglichen Verlust so gering wie möglich zu halten. Er sendet Boten aus, um Esau vorzubereiten, und versucht, Eindruck durch seinen Reichtum zu schinden. Er teilt seine Familie und seine Habe in zwei Lager, die sich getrennt voneinander bewegen. Wenn Esau ein Lager angriffe, könnte sich die Hälfte des Besitzes noch retten. Und er betet zu Gott und erinnert ihn verzweifelt an seine Verheißung. Im Grunde weiß er aber, dass er sich der Situation stellen muss.

Der nun folgende Text gehört zu den dunkelsten, nur schwer zu verstehenden Teilen der Bibel. Jakob lässt seinen ganzen Tross den Fluss Jabbok, der ihn noch vom Gebiet seines Bruders trennt, überqueren, bleibt selber aber noch diesseits des Flusses und verbringt die Nacht allein. Dort wird er von einem Mann angegriffen. Jakob vermag, sich erfolgreich zu wehren und die Todesgefahr abzuwehren, wird aber am Hüftgelenk verletzt. Der Fremde gibt ihm einen neuen Namen (Israel, Gottesstreiter), ist selber aber nicht bereit, seine Identität preiszugeben. Der Text erweckt den Eindruck, dass es Gott selber gewesen sein könnte, mit dem Jakob gerungen hat. Wie aber ist das möglich, zumal Jakob/Israel als Sieger bezeichnet wird. Oder war es sein Bruder? Hat er mit sich selber, seinen Gewissensbissen oder seiner Angst, gerungen? Eine Betrachtung der Textsymbole kann mindestens Hinweise auf eine Deutung geben.

Die **Nacht** ist die Zeit, in der die Sinne nicht von vielerlei Aktivitäten und Eindrücken abgelenkt werden. Der Mensch kann ausruhen und sich konzentrieren, es ist die Zeit der Einsamkeit, aber auch der Selbsterkenntnis. Zugleich bedeutet die Dunkelheit der Nacht ein stärkeres Ausgeliefertsein an die Gefahr. Jakob muss sich dieser Gefahr allein, ohne Hilfe und ohne Rückzugsmöglichkeit, stellen, er muss sich auch sich selber und seiner Angst stellen.

Der **Fluss** ist das Symbol des Übergangs. Die Vergangenheit liegt hinter dem Menschen, die noch ungewisse Zukunft vor ihm. Der Übergang zwingt zum Innehalten und zur Wandlung.

Nur als veränderter Mensch kann Jakob die Herausforderungen seines zukünftigen Lebens bestehen.

Jakob sucht den **Kampf** nicht, er wird ihm aufgezwungen. Betrug und Überlistung helfen nicht mehr, er muss die Herausforderung annehmen, er muss sich stellen. Seine Stärke, den Gegner nicht loszulassen, hilft ihm, sein Leben zu bewahren.

Der **Name** ist im semitischen Denken Ausdruck der menschlichen Identität. Den Namen zu kennen, ermöglicht einen Zugriff auf dessen Person und verringert dessen Macht, ähnlich wie im Märchen vom Rumpelstilzchen. Jemandem einen neuen Namen zu geben, ist Ausdruck absoluter Verfügungsgewalt (vgl. dazu 2 Kön 24,17). Der so Benannte erhält eine neue Identität. Jakob muss sein Wesen preisgeben, er „outet" sich als Betrüger. Der neue Name Israel ist ein Ehrentitel, der deutlich macht, dass es nicht mehr der alte Jakob ist, der den Kampf bestanden hat. „Gottesstreiter" meint sowohl Streiter für Gott als auch Streiter mit/gegen Gott und repräsentiert damit das Schicksal des Volkes Israel, das sich auf Jakob beruft. Der Fremde gibt seinen Namen nicht preis, Gott bleibt unverfügbar.

Jakob, der sich den Erstgeburtssegen erschlichen hatte, erhält den **Segen** als freies Geschenk. Er hat sich in diesem Kampf nicht nur sein Leben bewahrt, er ist zu sich selbst gekommen. Er erfährt, dass sich der Mensch nicht sich selbst verdankt, sondern einem Gegenüber, das ihn anschaut (Penuel, Gottesgesicht). Es geht nicht um Sieg oder Nieder-lage, sondern um diese Begegnung. Glauben heißt im Hebräischen „sich ganz an Gott festmachen", und das geschieht hier im wörtlichen Sinne.

Er bleibt aber **verletzt** zurück, er wird Zeit seines Lebens hinken. Auch Wandlungsprozesse und inneres Reifen eliminieren die Vergangenheit nicht. Was mich und andere verletzt hat, wird mich ein Leben lang begleiten.

Was auch immer man sich in Gen 32 als äußeres Geschehen vorstellen soll, auf einer psychologischen Ebene begegnet Jakob in einer Grenzsituation seines Lebens sich selber und erfährt den damit verbundenen Wandlungsprozess als Aufeinandertreffen auf eine unbegreifliche, Furcht erweckende und zugleich Segen spendende Macht.

Neben dieser existentiellen Interpretation enthält Gen 32 aber noch weitere Schichten, die in der literarischen Überlieferung eine Rolle spielten. So ist eine alte **Gespenstersage** zu erkennen: Der Held wird in der Nacht angefallen, hält aber bis zur Morgenröte stand und wird dann wieder losgelassen. Eine **Ortssage** bezieht sich auf den reißenden Fluss Jabbok in seinem tief eingeschnittenen Tal. Die Menschen stellten sich eine gefährliche Flussgottheit vor, die sie in die Fluten zerren will und die man überwinden muss.

Weitere Schichten der Traditionsgeschichte beziehen sich schon auf die Ereignisse um Jakob. Der Ort des Kampfes bekommt den Namen Penuel (Gott wendet zu, Gottes Angesicht). Die **Kultortsage** erklärt die Namensgebung. Die **Familien- und Stammvätersage** verherrlicht Israels Ahnherrn Jakob. Zugrunde liegt die Vorstellung vom Helden, der mit Gott kämpft und ihm etwas von seiner Kraft abringt. Später wurde die Person des Gegners verunklart, da man von dem einen Gott nicht so anthropomorph (menschenähnlich) reden konnte. Schließlich gibt der Text das **Selbstverständnis Israels wieder.** Israel bedeutet: Gott streitet, Gott herrscht. Die Erfahrung Israels, seine Erwählung als Geschenk des unendlich überlegenen Gottes anzunehmen, wird hier auf den Stammvater hin personalisiert.

In Marc Chagalls Gemälde „Der Kampf Jakobs mit dem Engel" (1960-1966) bestimmen ein riesiger Engel und ein sich gegen den Gegner stemmender Jakob den Blick. Die Körper bilden zwei Diagonalen, die gegeneinander gerichtet sind. Der riesige Engel verbindet dynamische Bewegung (seine Flügel lodern geradezu) mit souveräner Ruhe. Jakob, der seinem Gegner nur bis zum Bauchnabel reicht, stemmt sich mit aller Kraft gegen ihn. Man kann in seiner Haltung einerseits äußerste Anspannung erkennen, andererseits auch die demütige Unterwerfung des Gesegneten. Auflehnung gegen das Schicksal wie auch Ergebung sind in diesem Bild enthalten.

Wie in religiösen Bildern häufig üblich, enthält des Gemälde an den Rändern weitere Szenen aus Jakobs Leben. Links ober sind seine Hochzeit mit Rahel und ihr erstes Zusammentreffen am Brunnen dargestellt. Auf der rechten Seite werfen Josefs Brüder, die Söhne Jakobs, ihren Bruder in den Brunnen, eifersüchtig auf dessen Bevorzugung. Sie werden ihn später nach Ägypten verkaufen. Rechts unten sitzt der trauernde Vater mit dem Gewand seines scheinbar toten Sohnes. Mit dem Lieblingssohn hat er zugleich ein Stück weit seine geliebte Frau verloren, die inzwischen tot ist. Unten erkennt man Chagalls Heimatstadt Witebsk.

Grundfarbe des Bildes ist ein dunkles Blau. Das Geschehen vollzieht sich auch symbolisch in der Nacht eines grausamen und unverständlichen Schicksals der europäischen Juden. Marc Chagall, der sich 1941 in die USA retten konnte, sah mit seiner Frau Bella in einem New Yorker Kino in der Wochenschau Bilder von der Liquidierung des Ghettos von Witebsk. Das Ehepaar erkannte in den Aufnahmen Verwandte und Bekannte. Von diesen Szenen konnte sich Bella nicht mehr erholen. Sie starb einige Zeit später. Warum Gott die Judenvernichtung zuließ und die Erwählung Israels eine Erwählung zum Leiden ist, steht als unbeantwortete Frage hinter dem Bild, in dem ein gelber Hahn als Zeichen der Hoffnung zu erkennen ist.

Gen 33 enthält das Zusammentreffen und die Versöhnung der beiden Brüder. Zunächst erkennen wir wieder den trickreichen Jakob. Er staffelt seine Familie so, dass Rahel und Josef im hinteren Bereich besonders geschützt sind. Der „neue" Jakob wirft sich vor Esau nieder und redet ihn mit „Mein Herr" an. Er gibt ihm sozusagen das Erstgeburtsrecht zurück, zeigt Respekt vor seiner Würde. Die Brüder einigen sich darauf, künftig getrennt zu siedeln, ein kluger Schachzug, da eine zu große Nähe leicht zu erneuter Aggression hätte führen können. Es geht – auch zwischen den Völkern – nicht um Sieg oder Niederlage, Recht oder Unrecht, sondern um ein friedliches Neben- und Miteinander. Jakobs Vorsicht zeigt, dass der Friede immer bedroht sein kann.

Die Strukturskizze zeigt Jakobs Leben dieser 20 Jahre als Weg: aus der Heimat in die Fremde und wieder in die Heimat zurück. Die entscheidenden Ereignisse vollziehen sich auf diesem Weg: die Verheißung im Traum von der Himmelsleiter und der Segen bei der nächtlichen Begegnung am Jabbok. Der Weg des Lebens ist – auch in scheinbar ausweglosen Situationen – ein Weg mit Gott. Wer seinen Weg wagt, kann Gott begegnen und geht als Verwandelter weiter.

2.4 Exkurs: Christliches Schriftverständnis
Grundlage: Lehrerreferat

Wenn im Religionsunterricht, meistens in Jgst 5 oder 6, der Islam durchgenommen wird, fertigt man häufig eine Vergleichstabelle an. In der Kategorie „Heilige Schrift" steht dann „Bibel" bzw. „Koran". Das ist natürlich richtig, verschweigt aber den strukturellen Unterschied. Das Verständnis des heiligen Buches ist im Christentum deutlich anders als im Islam.

Der Koran geht auf die Offenbarungen eines einzigen Propheten zurück. Seine Entstehungsgeschichte (bis zur kanonisierten Endfassung) betrug 44 Jahre. Auch wenn sich die in Mekka und die in Medina entstandenen Suren in Form und Inhalt deutlich voneinander unterscheiden, ist er von großer Einheitlichkeit.

Die Bibel ist kein Buch, sondern eine Bibliothek (oder Anthologie), die aus insgesamt 72 kleineren und größeren Schriften (45 im Alten Testament, AT, und 27 im Neuen Testament, NT) besteht. Das Wort „Bibel" kommt vom lateinischen„biblia" (Bücher). Sie ist in einem Zeitraum von ca. 1000 Jahren entstanden und hat zahlreiche Verfasser, deren Namen wir nur teilweise kennen.

In diesen Büchern drücken sich das Lebensgefühl der Menschen der jeweiligen Zeit, ihre soziale und politische Situation sowie ihr Glaubensverständnis aus. Sie sind zunächst nicht für zukünftige Generationen oder gar die heutige Zeit, sondern für die damaligen Zeitgenossen verfasst worden und können häufig nur angemessen verstanden werden, wenn man diese zeitliche Differenz berücksichtigt. Sie mit dem heutigen Lebensverständnis wörtlich zu nehmen, könnte im Einzelfall dazu führen, die Intention einer Textstelle gerade zu verfehlen.

Entsprechend ihrer historischen Situation und ihrer jeweiligen literarischen Form stellen diese Schriften verschiedene Aspekte des Gottesverständnisses des Volkes Israel bzw. der frühen Kirche in den Mittelpunkt. Wenn wir also z.B.in der Bibel vier Evangelien haben, die über Leben und Wirken Jesu berichten und dabei unterschiedliche Aspekte seiner Persönlichkeit hervorheben, dann ergänzen sich diese Schriften gegenseitig. Jeder Mensch kann von unterschiedlichen Seiten her beleuchtet werden, und in verschiedenen Situationen kommen unterschiedliche Merkmale zum Tragen. Das gilt natürlich für Jesus, auf den der Blick des Glaubens fällt, in besonderem Maße. Muslime sehen in widersprüchlichen Aussagen der biblischen Texte oft eine Verfälschung des ursprünglichen Glaubenskerns. Dagegen sehen Christen in diesem unterschiedlichen Blickwinkel und Zugriff eine Bereicherung des gläubigen Blicks.

Um also ein Gesamtbild des eigenen Glaubens zu gewinnen, muss man alle Schriften nach ihrem Sinn befragen und miteinander ins Gespräch bringen. Das biblische Gottesbild ist aber nicht nur additiv zu gewinnen. Zugleich zeigt es in seiner geschichtlichen Entwicklung ein immer tieferes Verständnis, einen Glaubensfortschritt. Gott offenbart sich schrittweise. Was ein Kind in der Grundschule lernt, ist nicht so komplex wie das Wissen des Abiturienten oder des Doktoranden. Aber es ist deshalb nicht falsch. So nahm Gott das Volk Israel wie ein Kind an die Hand, um sich immer treffender zu offenbaren. Auch hier liegt ein Unterschied zum Islam. Muslime sind überzeugt, dass

Gott allen Propheten im Kern dieselbe Botschaft vermittelt hat, die aber nur im Koran unverfälscht tradiert wurde.

Wer heute die Bibel liest, muss also versuchen, die ursprüngliche Intention der Texte zu ergründen und sie in die heutige Zeit zu „übersetzen". Als der Text Gen 1 (die Schöpfung in sieben Tagen) verfasst wurde, entsprach er dem damaligen Weltbild (vor allem der babylonischen Naturlehre). Aussagen über die Schöpfung in der heutigen Zeit müssten also die naturwissenschaftlichen Erkenntnisse über die Entstehung des Universums und des Lebens (vgl. 3.3) mit den Glaubensaussagen über Gott und Mensch verbinden.

Während Muslime davon ausgehen, dass Gott seine Botschaft (durch den Engel Gabriel) dem Propheten Wort für Wort diktiert hat, gehen Christen von einer Zusammenarbeit von Gott und Mensch (dem biblischen Schriftsteller) aus. Was Gott gedanklich eingibt, formuliert der Schriftsteller in seinen Denkkategorien, mit den Mitteln seiner Sprache für Menschen seiner Zeit. Dass sich die biblischen Schriften unterscheiden, ist daher kein Wunder. Auch wenn der Kanon der Bibel abgeschlossen ist, setzt sich diese Zusammenarbeit von Gott und Mensch in der heutigen Theologie und Verkündigung fort. Theologisch spricht man vom Wirken des Heiligen Geistes, der Gott im Leben und Sprechen von Menschen vergegenwärtigt

Er ist auch in Joh 14,16 gemeint: „Und ich werde den Vater bitten und er wird euch einen anderen Beistand geben, der für immer bei euch bleiben soll..." Muslime interpretieren diesen Satz dahin, dass schon Jesus auf einen künftigen Propheten (Mohammed) hingewiesen habe.

Während im Zentrum des Islam der Koran steht und Mohammed „nur" sein Verkünder ist, steht im Zentrum des Christentums eine Person, Jesus von Nazaret. Er und nicht das Buch, das über ihn berichtet bzw. die Vorgeschichte seines Wirkens darstellt, ist „Wort Gottes". Denn Christen sehen Gott in Jesus ununterscheidbar gespiegelt. Im Christentum ist Wort Gottes also ein Mensch, nicht ein Buch (vgl. Joh 1,14). Deshalb wird einer Bibelausgabe in der Regel auch nicht die Verehrung zuteil, die Muslime dem Koran zukommen lassen. Die Bibel ist eher ein „Arbeitsbuch", das gelesen und verstanden werden will. Und zu seiner Interpretation dienen die gleichen literaturwissenschaftlichen Methoden, die auch für andere Werke der Weltliteratur angewandt werden, allerdings aus dem Glauben motiviert.

3 Wer glaubt, ist zu faul zum Denken? Oder denkt er tiefer?

3.1 Glaube und Vernunft – Gegensatz oder Ergänzung?

Grundlage: Miniatur aus der Bible Moralisée: Gott als Architekt der Welt
Matthias Töpfer: Der radikale Mittelweg
Peter Kliemann: Glaube und Theologie
Radiosendung: Von Kopernikus bis Freud

Gott beugt sich über die Welt, die er mit einem Zirkel in der Hand konstruiert. Auf dieser Abbildung einer französischen Bilderbibel aus der Mitte des 13. Jahrhunderts beherrscht die riesige Gestalt Gottes die Szenerie. Dargestellt ist Jesus Christus, erkennbar nicht zuletzt am Kreuzesnimbus (dem „Heiligenschein"), der nach Joh 1 als „Wort Gottes" von Anfang an präsent ist. Er ist sozusagen Gott, insofern er auf die geschaffene Welt bezogen ist. Seine Schöpfermacht wird nicht nur durch seine Größe und die strahlenden Farben seiner Gewänder (blau und rot) deutlich, sondern auch dadurch, dass er mit seinem Fuß über die Umrandung des Bildes hinausragt. Gott kennt keine Grenzen, die ihn festlegen. Zugleich beugt er sich aber konzentriert über das von ihm geschaffene Werk. Die Welt wird hier nicht modelliert (Gen 2) oder durch das Wort erschaffen (Gen 1), sie wird geometrisch konstruiert. Gott schafft einen vollkommenen Lebensraum, denn dieser gehorcht mathematischen Geset-zen. Die so dargestellte Welt entspricht freilich noch dem alten, aus der Bibel abgeleiteten Weltbild: in der Mitte eine unregelmäßige Erdscheibe, um die die Gestirne kreisen. Das blaue Firmament des Himmels mit den Wolken trennt den inneren Bereich von dem oberen Wasser. Die Miniatur aus dem 13.Jahrhundert verknüpft also die „moderne" Welt Gottes, der sich der Mathematik und Technik bedient, mit einer überkommenen Vorstellung von der Welt.

Die Farbgraphik „Der radikale Mittelweg" von Matthias Töpfer zeigt einen balancierenden Wanderer auf gefährlichem Terrain. Mit grellen Farben stehen sich der Bereich der Mathematik und Physik (Atommodell, Omega und Zahl Pi auf blau-violettem Untergrund) und der Bereich der Religion (Halbmond, Davidstern und Kreuz auf rotem Untergrund) feindlich gegenüber. Beide Bereiche haben etwas aggressiv-dynamisches, das zu vernichten droht. Dazwischen führt ein enger Weg auf einem grünen, freundlichen, aber schmalen Grenzplateau. Auf diesem Weg bewegt sich ein dunkel gekleideter Mann mit einer Balancierstange vorsichtig vorwärts. Naturwissenschaften und Religion scheinen sich auszuschließen. Sich zwischen diesen Bereichen zu bewegen, erweist sich als mühselig und gefahrvoll.

Der Gebrauch des Wortes „glauben" ist in der deutschen Alltagssprache missverständlich. Es wird häufig im Sinne eines bloßen Meinens im Gegensatz zum Wissen gebraucht. Die Bibel verwendet den Begriff aber primär personal. Es geht nicht darum, einen bestimmten Sachverhalt für richtig zu halten, sondern einer Person zu vertrauen, sich auf sie zu verlassen. Ein „glauben an" steht im Vordergrund, nicht ein „glauben, dass". Der personale Bezug des Glaubens kann nur in sekundärer Weise einen sachbezogenen Glauben bedingen: Weil ich Gott und seiner Zusage vertraue, baue ich darauf, dass er die Welt vernünftig und als bewohnbaren Lebensraum geschaffen hat und sie nicht ihrem Schicksal überlässt. Das bedeutet aber nicht, dass ich gezwungen werde, an eine Schöpfung in sechs Tagen zu glauben, obwohl alle Beobachtungen diesem Befund widersprechen.

Glaube und Wissen, Kirche und Theologie haben eine sehr wechselhafte Geschichte miteinander. Zunächst einmal förderte die Kirche die Wissenschaften. Thomas von Aquin (1225-1274), der große Theologe des Mittelalters, sah neben der Bibel das „Buch der Natur". Die menschliche Vernunft sei zugleich die göttliche. Was den natürlichen Gesetzen entgegengesetzt sei, stehe auch gegen die göttliche Weisheit. Schulen und Universitäten wurden in der Regel von der Kirche gegründet oder mindestens von ihr unterstützt. Dass das Verhältnis aber nicht konfliktfrei war, zeigte das Lehrverbot für Petrus Abaelard (1079-1142). Er forderte, man müsse die Bibel mit Vernunft interpretieren. Nichts sei zu glauben, was nicht verstanden sei. Auch Studentenunruhen gegen die Begrenzung universitärer Inhalte im Mittelalter machen deutlich: Bildung entwickelte sich in der Kirche, förderte aber zugleich die Emanzipation von der Kirche.

Zentrale Daten der Konfliktgeschichte von Wissenschaft und Kirche sind die öffentliche Verbrennung Giordano Brunos (1600) und der erzwungene Widerruf Galileo Galileis (1633) mit anschließendem Hausarrest. Das neue, heliozentrische Weltbild (mit der Sonne im Zentrum) wurde von kirchlichen Forschern als Hypothese durchaus untersucht, doch fürchtete man, dass die Menschen ihren Glauben verlören, wenn man die Naturaussagen der Bibel nicht mehr wörtlich, sondern nur noch als Gleichnis verstünde. Dabei waren Nikolaus Kopernikus (1473-1543) und Johannes Kepler (1571-1639) durchaus theologisch motiviert. Sie wollten durch ihre Forschungen Gottes Großartigkeit im Universum zeigen. Die kirchliche Weigerung, die neuen Erkenntnisse anzuerkennen, führte dazu, dass sie in hoffnungslosen Rückzugsgefechten der wissenschaftlichen Entwicklung hinterherlief.

Sprichwörtlich wurden die drei großen Kränkungen des Menschen durch die Wissenschaft: die Erkenntnis, dass die Erde nicht der Mittelpunkt im Universum ist (Kopernikus), dass der Mensch aus dem Tierreich abstammt (Darwin, vgl. 3.3) und dass er von seinem Unterbewusstsein gesteuert wird und daher nicht einmal „Herr im eigenen Hause" ist (Freud, vgl. 4.4). Der Blick des Menschen auf sich selbst wird durch die Ergebnisse heutiger Hirnforschung noch weiter verkompliziert. Die Diskussion über menschliche Willensfreiheit ist allerdings noch nicht entschieden (vgl. 4.6).

Heutige Wissenschaftler vertreten sehr unterschiedliche Meinungen zu Religion und Glauben. Der Biologe Richard Dawkins (geb. 1941) sieht im Glauben eine gefährliche Geisteskrankheit. Der Physiker Hans-Peter Dürr (1929-2014) erkennt dagegen auch die Grenzen der Naturwissenschaften. Er vergleicht sie mit einem Fischernetz, das nur Fische ab einer bestimmten Größe fangen kann. Das heiße nicht, dass es kleinere Fische nicht gäbe. Das Lebendige sei mehr als die Summe seiner Teile, die man untersuchen könne. Die Wissenschaft könne eben nur die Fragen beantworten, die mit ihren Methoden beantwortbar seien.

3.2 Ordnung und Leben – die Botschaft der Schöpfungstexte Gen 1-2

Grundlage: Arbeitsblätter zu Gen 1-2

Der Schöpfungstext Gen 1,1-2,4a wird häufig als eine Art Hymnus bezeichnet. Tatsächlich erkennt man einen feierlichen Ton und eine formal konsequente Strukturierung. Sechs Schöpfungstage haben einen einheitlichen Aufbau: *Gott sprach… Und so geschah es… Gott sah, dass es gut war. Und es wurde Abend, und es wurde Morgen: der … Tag.* Gottes Schöpfungshandeln durch das Wort macht einerseits seinen unbedingten Willen deutlich, Lebensraum und Leben entstehen zu lassen, andererseits seine fast lässige Macht, die keiner besonderen Mühe bedarf. Gott arbeitet nicht, er entwirft alles in seinen Gedanken.

Die „Strophen" sind thematisch aufeinander bezogen: An den ersten drei Tagen schafft Gott die Räume, die Leben ermöglichen. Er schafft sie, indem er das, was er vorfindet (einen gestaltlosen Zustand, lebensfeindliches Chaos), ordnet, Extreme voneinander scheidet und ihnen Grenzen setzt: Licht und Finsternis, oberes und unteres Wasser, Wasser und trockenes Land. Den so entstandenen Raum füllt er dann mit

Lebendigem, wobei es dem heutigen Leser aufstößt, dass die Pflanzen zur unbelebten Materie, die Gestirne aber zu den Lebewesen (denn sie bewegen sich) gezählt werden: die Gestirne in den Raum des Lichtes, Vögel und Fische in die Räume von Luft und Wasser, Landtiere und Menschen in den Raum des trockenen Landes. Erst mit den Menschen ist die Schöpfung vollkommen, sie ist jetzt **sehr** gut. Höhepunkt der Schöpfung ist aber nicht, wie vielfach behauptet, der Mensch, sondern die Erschaffung des Ruhetags, des Sabbats. Er gibt erst allen Schöpfungswerken ihre Würde. Sie sind mehr als ihre Funktion, sie dürfen vor Gottes Augen sein, was sie sind, haben ihre Berechtigung in sich. Dies gilt für den Menschen in besonderer Weise, der nach „Gottes Bild" geschaffen wurde (dazu vgl. 4.1). Ausdrücklich gilt diese besondere menschliche Würde für beide Geschlechter, Mann und Frau. Eine Über- bzw. Unterordnung lässt sich durch diesen Text nicht begründen. Der Mensch wird aber auch auf alle anderen Schöpfungswerke bezogen: Er soll sich auf der Erde ausbreiten, sie zur Nahrung nutzen und über die Tiere „herrschen", in ihrer Wirkung eine höchst missverständliche Formulierung. Gemeint ist eine Art göttlicher Statthalterschaft. Gottes Wille, der Welt eine harmonische und lebensfreundliche Ordnung zu geben, soll durch den Menschen gefördert werden.

Gen 1 orientierte sich am Weltbild seiner Entstehungszeit (nach 587 v. Chr.), vor allem vermittelt durch babylonische Gelehrte. Das bisher Dargestellte macht aber schon deutlich, dass es kein Text ist, der die Entstehung und den Aufbau der Natur beschreiben will, sondern dass es sich um eine bewusste literarische Gestaltung handelt mit der theologischen

Intention, die Macht und Einmaligkeit Gottes und sein sorgendes Verhältnis zur Welt herauszustreichen. Gott wird eben nicht eingeschränkt durch die „Götter" der Babylonier oder durch „göttliche" Kräfte in der Natur. Sonne und Mond werden zwar in ihrer Bewegung wahrgenommen, sie werden aber zugleich als bloße Lampen abqualifiziert. Über ihre „Göttlichkeit" braucht sich der Mensch keine Gedanken zu machen.

Will man sich das alte Weltbild von Gen 1 bildlich vorstellen, dann steht das ordnende Gewölbe im Mittelpunkt. Wie eine Käseglocke wölbt es sich über der Erde und dem (sichtbaren) Meer. Es hindert den Himmelsozean daran, die Erde zu überschwemmen, hat aber Schleusen, die das notwendige Regenwasser zulassen. Die Gestirne sind an dem Gewölbe befestigt, sie bewegen sich gleichsam an der Decke. Die Erde wiederum schwimmt auf einer großen Wassermasse, die für die Menschen nur teilweise sichtbar ist.

Die besondere Konzeption des biblischen Schöpfungstextes wird deutlich durch einen Vergleich mit dem babylonischen Schöpfungsmythos Enuma elisch. Hier entsteht die Welt als Ergebnis eines gewalt- und grausamen Götterkampfes, den die jüngeren Götter unter Anführung des babylonischen Stadtgottes Marduk gegen die Tyrannei der älteren Göttergeneration (der Urflut Tiamat und ihres Gatten Kingu) führen. Die entwürdigende Sklavenarbeit, die die Götter für ihre Eltern verrichten mussten, wird nun auf ein neues Geschöpf, den Menschen, übertragen. So können sich die Götter ernähren, ohne selber arbeiten zu müssen. Zugrunde liegt die alte Vorstellung, dass die Götter sich vom Bratenduft der Tieropfer ernähren, also auf die Hilfe der Menschen angewiesen sind.

Da die Welt aus der Leiche Tiamats und die Menschen aus der Leiche Kingus geschaffen wurden, sind beide von Natur aus böse. Der Mensch ist von Anfang an mit Schuld beladen und muss sich gerade deshalb der Sklavenarbeit unterziehen. Der Mensch des biblischen Textes ist dagegen frei, Herrscher an Gottes Statt und Objekt göttlicher Fürsorge.

Der zweite biblische Schöpfungstext (Gen 2,4b-25) ist eigentlich der ältere, ca. 300 Jahre vor dem ersten in der Zeit der frühen Staatlichkeit Israels entstanden. Er vermittelt in naiver Weise ein anthropomorphes Bild Gottes, der mit dem Menschen auf Du-und-Du direkt körperlich kommuniziert. Dargestellt wird aber nicht die Schöpfung der ganzen Welt, sondern nur der Erde, wobei im Grunde nur der von Gott geschaffene Garten (das Paradies) genauer beleuchtet wird.

Im Mittelpunkt der Schöpfung steht eindeutig der Mensch (adám = Mensch), für den dann erst sein Lebensraum, die Tiere und schließlich die Geschlechtlichkeit geschaffen werden. Aufgabe des Menschen ist, den Ackerboden, aus dem er selbst von Gott modelliert wurde, zu bebauen und zu pflegen. Der Text spricht die Menschen also in einer landwirtschaftlich geprägten Tradition an und definiert die Verantwortlichkeit des Menschen für seine eigenen Lebensgrundlagen (und denen der anderen Lebewesen). Dass Gott dem Menschen seinen Atem einhaucht, verdeutlicht, dass alle Lebendigkeit letztlich von Gott kommt, begründet aber nicht die Vorstellung einer „göttlichen" Seele im Menschen, wie sie aus der griechischen Philosophie heraus später entwickelt wurde.

Die Erschaffung des Menschen rahmt die ganze Erzählung. Sie ist erst mit der Erschaffung Evas vollendet. Der Mensch ist durch seine Geschlechtlichkeit als Mann oder Frau charakterisiert und nach Meinung von Gen 2 nur in der Kameradschaft beider Geschlechter vollständig. So wird der

Mensch (Adam) erst zum Mann durch die Erschaffung Evas. Die Reihenfolge der Schöpfung definiert also keine Unterordnung der Frau (vgl. 4.2), sondern eine naturhafte Verbundenheit beider Geschlechter.

3.3 Sind Schöpfungsglaube und Evolutions-theorie vereinbar

Grundlage: Ulrich Lüke: Das Säugetier von Gottes Gnaden
Informationstext: Schöpfung und Evolution
Arbeitsblatt: In welchem Verhältnis stehen Theologie und Naturwissenschaft?

Die Schöpfungstexte der Bibel Gen 1 und Gen 2 informieren nicht aus Gottes Feder über die Entstehung und die Struktur unserer Welt. Es sind theologische Texte, die den Glauben stärken sollen, dass alles Entstandene letztlich auf Gottes Willen und Planen zurückgeht, und die das Verhältnis des Menschen zu Gott und Natur klären sollen. Dabei arbeiten sie mit dem naturkundlichen Wissen, aber auch mit den literarischen Traditionen ihrer Zeit.

Dass diese Texte nicht naturwissenschaftlich misszuverstehen sind, erkennt man schon daran, dass sie sich widersprechen. Sowohl das in ihnen ausgedrückte Gottesbild (einschließlich der Art, wie Gott die Welt erschaffen hat) als auch die Reihenfolge der Schöpfung unterscheiden sich. Auch wenn ein späterer Redaktor beide Texte hintereinander gestellt hat, ist dieser Widerspruch deutlich zu erkennen.

Die Evolutionstheorie ist heute das gängige Modell der Naturwissenschaft. Sowohl unser Universum als auch das uns bekannte Leben haben sich in gewaltigen Zeiträumen Schritt für Schritt aus kleinsten Anfängen heraus entwickelt. Diese Theorie widerspricht der früher gängigen Vorstellung, dass die Schöpfung ein für alle Mal fertig entstanden sei.

Für den „Urknall", den Ausgangspunkt der Entwicklung unseres Universums, gibt es seit der Entdeckung der Hintergrundstrahlung, die Reste dieses Urknalls darstellt, einen hinreichenden Beweis. Nur Sekunden später haben sich die chemischen und physikalischen Voraussetzungen gebildet, die die Entstehung des (vernünftigen) Lebens überhaupt erst ermöglichten. Seitdem dehnt sich das Universum aus, und die im Laufe der Zeit gebildeten Galaxien „fliehen" voneinander weg und zwar umso schneller, je weiter sie voneinander entfernt sind. Dies ist mit Hilfe des Doppler-Effektes als Rotverschiebung messbar. Als Modell kann man sich einen Luftballon vorstellen, der immer weiter aufgeblasen wird. Jeder Punkt auf diesem Ballon entfernt sich dadurch immer mehr von jedem anderen Punkt. Die „Geschwindigkeit" der Galaxien hängt also mit der Expansion des Weltalls zusammen. Ob auf diese Expansion auch wieder eine Kontraktion folgen wird, kann nicht geklärt werden.

Eng damit zusammen gehört die Frage, was eigentlich vor dem Urknall war und wie es zum Urknall kam. Die Möglichkeit, dass das Universum sich irgendwann wieder zusammenzieht (wie ein Luftballon, aus dem die Luft entweicht) und sich wieder in einem winzigen Punkt konzentriert, der dann in einem erneuten Urknall explodiert, ist eine denkbare Lösung. Zunehmend wird aber das Modell eines Multiversums diskutiert, für das es mathematisch-physikalisch gute Gründe gibt, das aber nicht durch Beobachtungen verifiziert werden kann. Nach diesem Modell gäbe (und gab) es neben unserem eigenen Universum eine große Zahl weiterer, die für uns aber nicht sichtbar sind, weil jedes Universum für sich abgeschlossen ist. Als Ursprung müssten wir uns einen leeren Raum (nicht identisch mit der durch den Urknall entstandenen Raum-Zeit) vorstellen, in dem aber die Gesetze der Quantenmechanik gelten. Das heißt, dass dieser Raum zwar leer ist, aber eine gestaltlose Energie besitzt (Potenzialität), die in nicht vorhersagbarer Weise „feuert". Ist dieses Auftauchen der Energie stark genug, könne sich daraus eine Explosion (der Urknall) entwickeln, was in diesem Multiversum immer wieder geschehe.

Die Entstehung zahlreicher Universen könnte erklären, warum es in unserer Welt intelligentes Leben gibt, das über das Weltall nachdenken kann (anthropisches Prinzip). Es wäre dann möglicherweise Zufall und keine bewusste Planung, dass sich die chemischen Bedingungen kurz nach dem Urknall so entwickelt haben, dass Leben entstehen konnte. Andere Universen hätten andere Bedingungen und dann wahrscheinlich kein Leben. Die Multiversum-Theorie und der Gottesglaube haben aber formal eine ähnliche Struktur: Ich erkläre den Ursprung eines festgestellten Naturphänomens mit einem anderen Phänomen höherer Ordnung, das nicht beweisbar ist. Ob ich hier dem Zufall oder einer göttlichen Person mehr vertraue, ist eine Glaubensentscheidung. Zudem sind beide Vorstellungen auch miteinander kombinierbar.

Notwendigkeit und Zufall sind auch die Antriebskräfte der biologischen Evolution. Alle Arten streben danach, sich fortzupflanzen. Bei den dabei entstehenden Kopien (bei der geschlechtlichen Fortpflanzung zur Hälfte von Mutter und Vater) entstehen immer wieder kleine Kopierfehler, Varianten, die in den meisten Fällen das Leben eher erschweren. Einige dieser Varianten helfen aber mit, die Art ihrem Lebensraum besser anzupassen, sie also zu optimieren. Über lange Zeiträume und unter entsprechend günstigen Umweltbedingungen entwickelt sich so eine Vielfalt neuer Arten. Dass alle Lebewesen dieser Erde miteinander verwandt sind, sieht man an der großen Zahl identischer Gene. Zugleich kann man mit ihrer Hilfe einen „Stammbaum" des Lebens aufstellen, der zeigt, dass der Mensch mit dem Schimpansen enger verwandt ist als beispielsweise mit der Banane. (zur Evolution des Menschen vgl. 4.1)

Christlichen und muslimischen Kreationisten, die an Gottes Siebentagewerk festhalten und die Evolutionslehre ablehnen und dafür Lücken der derzeitigen Theorien sammeln, ist entgegenzuhalten, dass die Entwicklung der Forschung nie rückwärts läuft. Das heliozentrische Weltbild des Kopernikus (das die Sonne im Mittelpunkt sah) war zwar richtiger als das alte geozentrische Weltbild, doch erwies es sich auch als falsch bzw. völlig ungenügend. Mängel heutiger Theorien werden neue, weiterführende Theorien hervorbringen, nicht aber Anlass geben, zu alten, längst verabschiedeten Vorstellungen zurückzukehren. „Ich dachte mir, Sie schauen einfach durch das Fernrohr und überzeugen sich?", sagt Galileo Galilei in Brechts gleichnamigem Drama zu den Gelehrten, die ihn besuchen. Wissenschaftliche Erkenntnisse, aber auch

Theorien, sind keine Glaubenssache. Sie sind für den, der sie überprüft, plausibel oder nicht. Sie einfach zu leugnen, weil in biblischen Texten etwas anderes steht, ist eine verbohrte Haltung, die auch dem Glauben nicht nützt.

Wissenschaft und Theologie bzw. christlicher Glaube stehen für mich nicht (unbedingt) in Konflikt miteinander und ergänzen sich gegenseitig. Wie die Netze in Hans-Peter Dürrs Bild haben sie unterschiedliche „Fangbereiche", unterschied-liche Fragehaltungen, die sich gegenseitig ergänzen, manchmal (z.B. in ethischen Fragen) auch überschneiden. Wer bereit ist, auch in einem immer größer erkannten Universum oder sogar in einem Multiversum die planende Hand Gottes zu erkennen, der sich auch an dem Spiel geregelter Zufälle erfreut, dessen Achtung für die Großartigkeit der Schöpfung wird eher steigen. Gleichzeitig wird es dem Menschen guttun, die eigene Bedeutung in diesem Prozess an den Rand zu drängen. Umso notwendiger wäre es, Verantwortung dafür zu übernehmen, dass der unmittelbare Lebensraum erhalten bleibt.

4 War es sehr gut? - Der Mensch mit der Frage nach sich selbst

4.1 Von Gott und von der Welt – eine Krone der Schöpfung?

Grundlage: unterschiedliche Medien
Angela Lissek: Die Evolution des Menschen
Karl Löning – Erich Zenger: Als Anfang schuf Gott

Im Gedicht „Fragen" von Heinrich Heine aus dem Jahre 1826 steht ein junger Mann nachts am Ufer des Meeres und fragt in die unendliche Weite der Natur (Wogen, Wind, Wolken, Sterne) hinein: „Sagt mir, was bedeutet der Mensch?/ Woher ist er gekommen? Wo geht er hin?/ Wer wohnt dort oben auf emphatischen Drängen bleibt die Natur, was sie ist, eine Antwort aber erhält er nicht.

Heine stellt in seinem Gedicht eine romantische Grundsituation dar, die sehr an Caspar David Friedrichs Gemälde „Der Mönch am Meer" (1808-1810) erinnert, bricht sie aber satirisch. Das wird durch den Gebrauch übertriebener bzw. nicht passender Begriffe, vor allem aber durch den ironischen Schlussvers deutlich: „Und ein Narr wartet auf Antwort." Sicher setzt er sich ironisch mit der Emphase der Romantik auseinander, aber womit noch? Ist es eine Kritik am Menschen, der Fragen stellt, die er doch nie beantworten kann, und der sich lieber seinem unscheinbaren Alltag stellen sollte, um dort seine Bestimmung zu finden? Ist es eine Kritik an Gott, der den Menschen allein lässt mit seinen Fragen und Zweifeln?

In jedem Fall ist der Mensch das einzige Wesen, das über sich und sein Wesen reflektieren kann. Und er tut es, weil er sich häufig selber zum Rätsel wird, weil kein inneres Programm ihm sein Wesen und seine Bestimmung offenbart. „Was ist der Mensch" ist auch nach Immanuel Kant (1724-1804) die Hauptfrage der Philosophie.

Eine Karikatur von Will Dawbarn stellt den Menschen in die Geschichte der Evolution. Das Leben, das im Meer beginnt, erobert das Land und richtet sich über den Affen und den Neandertaler immer mehr auf, bis der moderne Mensch mit seinem aufrechten Gang gezeigt wird. Auf dem letzten Bild bückt er sich und blickt auf sein Smartphone. Die von ihm selber geschaffene Technik bindet den Menschen wieder, macht ihn unfrei, ohne dass er das selber merkt. Der freie Mensch entwickelt sich wieder „rückwärts".

In einer Karikatur von Dan Piraro wird eine Art Kreislauf dargestellt. Auch hier entwickelt sich das Leben aus dem Meer über die Landnahme schließlich zum Menschen. Am Ende kippt der Mensch seinen Abfall ins Meer und zerstört damit den

Ursprung des Lebens, aus dem er selber kam. Hier ist es eher die überhebliche Sorglosigkeit des Menschen, der glaubt, sich alles erlauben zu können, und damit seinen Lebensraum immer mehr gefährdet.

In seinem Gedicht „Die Entwicklung der Menschheit" aus dem Jahre 1932 stellt Erich Kästner die Entwicklung vom Affen (oder frühen Hominiden) zum modernen Menschen satirisch dar. Er kontrastiert die ungepflegte Vorform des Menschen in der Natur mit dem Leben des Stadtmenschen, die Erfindungen des menschlichen Geistes mit der affektiven Grundausstattung der menschlichen Natur. Teilweise macht er sich über den fehlenden Nutzen menschlichen Fortschritts in übertriebenen Beispielen lustig, teilweise listet er auch Errungenschaften auf, die das Leben tatsächlich erleichtern. Der psychische Apparat des Menschen hat aber mit der Technik nicht Schritt gehalten: „Und es herrscht noch genau derselbe Ton/ wie seinerzeit auf den Bäumen." Am Ende des Gedichtes kommt er zum Fazit: „Doch davon mal abgesehen und/ bei Lichte betrachtet sind sie im Grund/ noch immer die alten Affen."

Das Deckenfresko „Die Erschaffung Adams" von Michelangelo Buonarotti aus dem Jahre 1510, Teil des Schöpfungsfreskos in der Sixtinischen Kapelle im Vatikan, zeigt ein anderes Menschenbild. Adam lehnt sich – gemütlich ausgestreckt – an einen Felsen. Sein Körper ist muskulös und wohl gebaut. Seinen Arm, auf ein Knie gestützt, streckt er Gott entgegen. Gott liegt, von Engeln umgeben, auf einer Wolke. Er ist als ebenfalls wohl gebauter älterer Mann mit Bart und wehenden Haaren dargestellt. Sie und die Tücher, die die Wolken bilden, verdeutlichen die Dynamik und Kraft seines Auftritts. Zu seinem Geschöpf Adam hat er sich auf die gleiche Stufe begeben. Auch er streckt Adam seinen Arm entgegen. Der ausgestreckte Zeigefinger Gottes berührt fast den noch schlaff hängenden Zeigefinger Adams, um ihm seine göttliche Kraft, Leben zu schenken.

Wenn zwei Menschen ihre Finger langsam immer mehr aufeinander zubewegen, ohne den jeweils anderen Finger zu berühren, werden sie die Erfahrung machen, dass man ab einer bestimmten Nähe die Wärme und Energie des anderen Körpers spürt, dass man Kraft erhält und Kraft vermittelt. Diese Erfahrung hat Michelangelo in diesem Bild verarbeitet. Adam erwartet in fast lässiger Weise die Kraftübertragung durch Gott, die ihn erst zum Menschen macht.

Michelangelos Fresko zeigt die zugewandte Großzügigkeit Gottes, aber auch die besondere Würde des Menschen. Es erinnert mich an das Staunen des Dichters von Psalm 8, der die einzigartige Position des Menschen reflektiert: „Was ist der

Mensch, dass du seiner gedenkst, des Menschen Kind, dass du dich seiner annimmst? Du hast ihn nur wenig geringer gemacht als Gott, du hast ihn gekrönt mit Pracht und Herrlichkeit. Du hast ihn als Herrscher eingesetzt über die Werke deiner Hände, alles hast du gelegt unter seine Füße..." (Ps 8,5-7)

Die Entwicklung der Hominiden als Sonderform der Primaten begann vor ca. 7 Millionen Jahren. Die weitere Entwicklung ist in vielem noch unsicher. Neue Entdeckungen verändern immer wieder das Bild, das die Wissenschaftler von den Vorläufern des heutigen Menschen haben. Seit ca. 200000 Jahren existiert der Homo sapiens, der sich vom ostafrikanischen Grabenbruch aus in langen Zeiträumen über die Erde ausgebreitet hat.

Als wesentliche Merkmale des Menschen nennt Angela Lissek den aufrechten Gang und die Höherentwicklung des Gehirns. Antriebskraft der weiteren Entwicklung war der aufrechte Gang, der durch eine Veränderung von Rücken und Becken ermöglicht wurde. Schimpansen können sich kurze Zeit auch auf zwei Beinen bewegen, ermüden dabei aber sehr schnell, da ihr Schwerpunkt anders liegt als beim Menschen. Durch den aufrechten Gang werden die Hände frei. Sie können einerseits Werkzeuge herstellen. Somit werden technische Neuerungen und künstlerische Arbeiten ermöglicht, wenn auch zunächst in einem sehr langen Zeitraum. Andererseits sind die Menschen in der Lage, Lasten über eine weite Strecke hin zu transportieren. Das ermöglicht den Männern, über weite Entfernungen Tiere aufzuspüren und zu jagen. Da der Jagderfolg von Absprachen und einer Aufgabenteilung innerhalb der Gruppe abhängt, spielt nun die Kooperation der Menschen eine viel wichtigere Rolle. So entwickelt sich der Mensch zum sozialen Wesen. Gleichzeitig werden die Frauen freigestellt, um sich um die Kinder zu kümmern, was die Wahrscheinlichkeit erhöht, gesunden Nachwuchs aufzuziehen, und ebenso den Zusammenhalt innerhalb der Gruppe stärkt.

Die Vergrößerung des Gehirns ist wohl schon eine Folge des aufrechten Gangs. Da der Mensch weltläufiger wurde, mehr Gegenden kennenlernte, mit einer größeren Gruppe kooperieren musste und auch größere Gefahren auszustehen hatte, musste auch eine größere Menge an Informationen gespeichert werden. Der riesige Neokortex (Großhirnrinde) des Menschen, der sich über die Basis-Bereiche des Gehirns stülpt, ist das Instrument, mit dem Informationen nicht nur gesammelt, sondern katalogisiert, miteinander verglichen und gewichtet werden. So können auch Erfahrungen und Erzählungen anderer Menschen und früherer Generationen übernommen, d.h. gelernt werden. So entwickelten sich Traditionen, es bildete sich das Bewusstsein gemeinsamer Geschichte. Dazu war aber noch die Entwicklung einer artikulierten und gesetzmäßigen Sprache nötig, die dem Menschen im Gegensatz zum Affen durch eine Veränderung des Kehlkopfs ermöglicht wurde.

Karl Löning und Erich Zenger setzen sich mit dem Begriff der Gottesebenbildlichkeit des Menschen (Gen 1,26f.) auseinander. Sie sehen darin keine Wesensaussage des Menschen, die ihn auf Grund einer vermeintlichen Gott-ähnlichkeit grundsätzlich von den Tieren unterscheiden würde. Gott habe den Menschen nicht „nach dem Bild Gottes", sondern „als Bild Gottes" geschaffen. Es werde also eine Beziehungsstruktur dargestellt: Als „Bild Gottes" solle der Mensch die Erde und die anderen Lebewesen im Auftrag und im Sinne Gottes schützen und pflegen. Wie ein Sohn (oder eine Tochter) beispielsweise die Angelegenheiten des Vaters weiterführt, so solle der Mensch als Sohn Gottes handeln. Wie ein König als Abbild des Schöpfergottes die Schwachen zu ihrem Recht verhelfen soll, so seien alle Menschen – Männer und Frauen – königliche Bilder Gottes. Die Königsideologie des alten Orients wird hier demokratisiert.

4.2 Rippe, Schlange, Frucht: Ist die Frau an allem schuld?

Grundlage: Gen 3
Helen Schüngel-Straumann: Menschenbilder in der Bibel

Die „ersten Menschen" essen vom verbotenen Baum und werden aus dem Paradies vertrieben. Wer sich jetzt bei Adam und Eva beschweren möchte, sollte zweierlei bedenken: Erstens sind die beiden keine historischen Personen, sondern stehen für den Menschen insgesamt (Adam = Mensch, Eva = Mutter der Lebendigen). Es gibt also auch keinen historisch erstmaligen Sündenfall. Unser Text ist ein Mythos, eine Erzählung, die grundsätzliche Aussagen zur Sündhaftigkeit des Menschen und seinem Verhältnis zu Gott machen will. Adam und Eva sind wir also alle.

Zweitens ist es keine Verlustgeschichte, sondern ein Kommentar zur Gegenwart des Verfassers. Menschliche Arbeit ist oft mühselig und unbefriedigend, Schwangerschaften sind schmerzhaft und häufig tödlich. Die Frau ist in einer patriarchalischen Gesellschaft den Launen des Mannes ausgeliefert. Und am Ende eines als knechtend empfundenen Lebens steht der Tod. Der biblische Verfasser fragt sich, warum das alles möglich ist, obwohl Gott die Welt doch vollkommen geschaffen hat, und seine Antwort lautet: Schuld ist der

Mensch. Seine Sündhaftigkeit, sein Hang, nicht im Sinne Gottes zu leben, haben dunkle Wolken in diese Welt gebracht, haben die menschliche Gesellschaft und das Verhältnis zur Natur vergiftet. Auch diese Charakterisierung dürfen wir nicht als natur-historische Aussage missverstehen, denn natürlich gab es unter den Tieren viele Formen von Leid und Tod, bevor der Mensch die Bühne betrat.

Worin besteht nun die Sünde, was ist Sünde? Zunächst einmal scheint die Antwort leicht zu sein. Sünde ist, Gottes Gebot zu missachten. Wenn Gott sagt, dieser Baum sei tabu, dann hat sich der Mensch daran zu halten. Hier fangen für mich als Leser die Probleme aber schon an: Ausdrückliche Verbote reizen dazu, sie zu übertreten. Insofern hat Gott den Sündenfall geradezu provoziert. Würde ich meinen Schülern verbieten, im Laufe der Stunde an Kängurus zu denken, wäre es ihnen unmöglich, das nicht zu tun. Keiner hätte an diese Tiere gedacht, wenn ich es nicht ausdrücklich erwähnt hätte. Und der Reiz, etwas Neuartiges auszuprobieren (z.B. auf die heiße Herdplatte zu packen), weil die Eltern das nicht wollen, verspürt jedes Kind (wahrscheinlich Erwachsene auch). Die Schlange ist insofern die Kehrseite von Gottes Gebot. Die Menschen sehen, dass mit diesem Baum etwas Besonderes ist (Gen 3,6:

„... dass es köstlich wäre, von dem Baum zu essen, dass der Baum eine Augenweide war...").

Die Worte der Schlange machen den wesentlichen Antrieb der Menschen und das Wesen der Sünde deutlich: „ihr werdet wie Gott" (Gen 3,5). Die menschliche Überhebung, die sich selber absolut setzt, nicht bereit ist, sich jemand anderem zu verdanken, und nicht bereit, auf andere Rücksicht zu nehmen, ist für den biblischen Schriftsteller Motiv und wahres Wesen der Sünde. Die Sünde vereinzelt den Menschen und entfremdet ihn letztlich von sich selbst. Auch innerhalb einer schwierigen Umwelt und einer unvollkommenen Gesellschaft könnten sich die Menschen mehr oder weniger „Paradies" ermöglichen. Dazu bedarf es keines „Schlaraffenlandes", das es nie gegeben hat.

Wer ist jetzt aber schuld am biblischen Sündenfall? Ist die Frau in höherem Maße verantwortlich als der Mann? Die jahrhundertelange Wirkungsgeschichte dieses Textes begründet mit ihm die familiäre Unterordnung der Frau. Sie sei schon sekundär als Ableitung des Mannes (aus seiner Rippe) geschaffen worden. Und weil man sich Gott als Mann vorstellte, könne auch nur der Mann „Bild Gottes" sein. Dann habe die Frau als erste die Frucht genommen und ihrem Mann davon gegeben, d.h. sie sei leichter verführbar und zugleich

Verführerin des Mannes. Wer den Text unvoreingenommen liest, wird aber keinen Unterschied in der Verantwortlichkeit finden. Beide kannten das Verbot, beide haben es übertreten, und wenn der Mann sich wirklich von der Frau hat überreden lassen, so spricht das eher gegen männliche Souveränität und Überlegenheit.

Heutige Theologinnen drehen den Spieß daher um und betonen, dass die Frau die Initiative ergriffen habe und gegenüber dem nur reagierenden Mann die Überlegene sei. Die Frau offenbare sich als die eigentliche Kulturträgerin. Man muss beachten, dass durch die „Vertreibung aus dem Paradies" Geschichte und Kultur erst möglich wurden. Nur weil unsere Welt so ist, wie sie ist, können wir uns entwickeln und lernen, sie zu gestalten. Ein Leben in einem Paradies wäre stattdessen ein Leben ohne Entwicklung, das Leben einer Marionette. Wenn Gen 3 diese Entwicklung der weiblichen Initiative zuschreibt, dann ist es die Frau, die uns Menschen zu dem gemacht hat, was wir sind. Und auch die Reihenfolge der Schöpfung ist kein Argument. Ein feministischer Witz lautet: „Als Gott den Mann erschaffen hat, übte sie nur."

4.3 Der Mensch – gut oder böse?

Grundlage: Arbeitsblätter: Ist der Mensch von Natur aus gut oder böse?

Der englische Philosoph Thomas Hobbes (1588.1697) vertritt in seinem Werk „Leviathan" ein negatives Menschenbild. Konkurrenz, Misstrauen und Ruhmsucht seien natürliche Merkmale des Menschen. Sie führten dazu, dass man sich hole, was man wolle, und sich zugleich mit allen Mitteln gegen den Anspruch der Mitmenschen wehre. Das führe zu einem Krieg aller gegen alle. „Der Mensch ist dem Menschen ein Wolf" (homo homini lupus) ist die bekannte Zusammen-fassung von Hobbes' Anthropologie.

Da der Naturzustand einer ungeordneten Aggressivität und ständiger Auseinandersetzungen zu Unsicherheit für alle, selbst für die Stärksten, führe, bräuchten die Menschen eine verlässliche Ordnung, die der Gewalt Einhalt gebietet und Verlässlichkeit herstellt. Der starke Staat mit seinen exekutiven (Polizei) und judikativen (Gerichten) Organen ist nach Hobbes gleichsam der Dompteur der Bestien. Er hält die Privatgewalt mit der Drohung öffentlicher Gewalt in Schach. Die Menschen müssten also bereit sein, ihre autonomen Rechte an

84

den Staat abzugeben, der durch Gesetze eine für alle verbindliche Ordnung schafft.

Auf dem Titelbild seines Buches sieht man den Leib des „Ungeheuers" Leviathan, der aus den Körpern unzähliger Menschen zusammengesetzt ist, mit dem König als Kopf. Er hält diesen Leib zusammen und gibt ihm eine Richtung.

Der französische Philosoph Jean-Jacques Rousseau (1712-1778) sieht die Natur des Menschen viel positiver. Er sei sanftmütig und im freien Naturzustand gesund und glücklich. Durch die Entstehung des Eigentums seien aber Ungleichheit und Ungerechtigkeit entstanden. Der vormals freie Mensch sei nun in einer feudalen Gesellschaft abhängig, Kriege und Mord seien die Folge. Es gehe also darum, eine Ordnung zu schaffen, die den ursprünglichen Zustand (wenn auch in einer veränderten Situation) wiederherstellt.

Diese neue Ordnung müsse gleichsam durch einen „Gesellschaftsvertrag" gewährleistet werden, der eine gleiche Freiheit aller Vertragspartner sichere. An die Stelle der individuellen Egoismen, die nur zu Konkurrenzverhältnissen führten, trete dann die Durchsetzung eines allgemeinen Willens (volonté générale).

Die sehr unterschiedlichen anthropologischen Überzeugungen der beiden Philosophen müssen vor dem Hintergrund ihrer jeweiligen Zeit gesehen werden. Hobbes war von der Gewalt und Unsicherheit des englischen Bürgerkriegs 1642-1649 (König gegen Parlament) tief betroffen. Er erlebte die „Wolfsnatur" des Menschen und die damit verbundene Angst und Verzweiflung mit. Diese Erfahrung ging in seine Forderung, wieder einen starken Staat zu etablieren, ein.

Rousseau lebte in der Zeit der europäischen Aufklärung. Mit seinen Schriften übte er einerseits Kritik an der ungerechten Gesellschaftsform des Absolutismus, andererseits sind sie vom Fortschrittsoptimismus der Zeit geprägt, die überzeugt war, dass eine Staatsform möglich wäre, die der Vernunft entspricht.

Rousseaus Forderung nach der Durchsetzung des allgemeinen Willens hatte in der Schreckenszeit der Französischen Revolution (1792/93) unter Maximilien de Robespierre eine schreckliche Wirkungsgeschichte. Viele Menschen, die nicht hinter dem von ihm formulierten allgemeinen Willen standen oder die aus der allgemeinen „Gleichheit" herausragten, wurden geköpft. Wir wissen heute, dass Demokratie nicht die Gleichheit aller Interessen bedeutet, sondern das Aushandeln eines möglichst großen gemeinsamen Nenners und den dafür notwendigen Kompromiss.

Die Alltagserfahrung zeigt, dass Menschen komplizierte Wesen mit guten und bösen Eigenschaften bzw. Verhaltensweisen sind. Sie sind weder von Natur aus nur gut noch nur böse. In unterschiedlichen Situationen können sie unterschiedliche Seiten ihrer Persönlichkeit, oft auch überraschend, zeigen. Es ist eine Lebensaufgabe des Menschen, seine guten Seiten möglichst oft zum Wohle seiner Mitmenschen zu aktivieren.

4.4 Der Mensch – zerrissen zwischen Es und Über-Ich?

Grundlage: Sigmund Freud: Abriss der Psychoanalyse

In einem Kursraum meiner ehemaligen Schule ist ein Wandbild zu sehen, das Schüler vor vielen Jahren angefertigt haben: Es, Ich und Über-Ich sitzen gemütlich an einem Tisch und spielen Skat. Sie freuen sich, dass sie zu dritt sind, da dadurch dieses Kartenspiel ermöglicht wurde. Wir sehen eine friedliche Szene, wenn auch das Spiel eine Gelegenheit für Konkurrenz und Koalitionsbildung liefert.

Innerlich habe ich eher ein gewalttätigeres Bild vor Augen: Das Ich in der Mitte wird von Es und Über-Ich an den Armen in unterschiedliche Richtungen gezerrt. Es hat keine Chance, wenn es sich nicht für eine Seite entscheidet oder von sich aus versucht, die beiden anderen zu sich zu ziehen. Das Ich muss sich entscheiden.

Das Es ist der elementare Untergrund der Persönlichkeit, sozusagen das Fundament des Baus. Zu ihm gehören die Triebe (z.B. der Sexualtrieb), Bedürfnisse (z.B. von anderen akzeptiert zu werden) und Affekte (z.B. Ungeduld). Derartige Triebe etc. hat zwar jeder Mensch, wie sie aber gewichtet sind, wie stark sie das menschliche Verhalten prägen, hängt von der genetischen Disposition, vor allem aber von frühen Erfahrungen des Kleinkindes ab, das z.B. Angst verspürt hat, von den Eltern vernachlässigt zu werden. Die Triebe „schreien" im Untergrund nach Befriedigung und sind kaum zu kontrollieren. Vor allem dringen sie häufig nicht ins Bewusstsein. Freud gebrauchte das Bild vom Eisberg: 90 % sind unter der Wasseroberfläche und daher nicht sichtbar, aber sie machen die eigentliche Substanz des Eisberges aus. So sei auch der Mensch, auch wenn er es gar nicht merkt, ein Bündel aus Trieben, die ihn unbewusst beeinflussen.

Das Über-Ich ist der Gegenspieler des Es. Wenn das Es nach der Befriedigung drängt, z.B. eine attraktive Frau anzufallen, dem Menschen am Nebentisch das Essen wegzunehmen, weil die eigene Bestellung länger dauert, oder dem Lehrer, der den Aufsatz schlecht bewertet hat, eine Ohrfeige zu versetzen, setzt das Über-Ich ein Stoppzeichen. Das gehört sich nicht! Das kann man nicht machen! Normen und Werte der Eltern, anderer Autoritäten oder der Gesellschaft allgemein beeinflussen das Über-Ich. Aber eine Kontrolle durch andere ist bald gar nicht mehr nötig, weil der Mensch diese Normen inhaliert hat. Die Gesellschaft spricht jetzt aus ihm selber, sein Gewissen (oder manchmal auch nur seine Skrupel) übt die Aufsicht über das Verhalten selbständig aus. Das Über-Ich versucht, die Forderungen des Es zu unterdrücken, doch dieses kommt wie Kohlensäure im Wasser immer wieder an die Oberfläche.

Das Ich muss lernen, zwischen diesen Extremen auszugleichen. Es repräsentiert das bewusste Denken und Entscheiden (also die 10% des Eisbergs über der Wasserfläche). Es stellt das konkrete menschliche Handeln dar, das sich der gesellschaftlichen Realität und den Notwendigkeiten der Situation anpasst, um einen möglichst großen Lebenserfolg zu erzielen. Das Bild, das der Mensch von sich selber hat, wird durch diesen bewussten Anteil bestimmt.

Es, Ich und Über-Ich bilden Sigmund Freuds (1856-1939) Modell der menschlichen Persönlichkeit. Obwohl sie nirgends im menschlichen Körper zu finden sind, hilft diese Vorstellung, menschliches Verhalten zu verstehen und psychische Krankheit (wenn diese Instanzen nicht ausgewogen zur Geltung kommen) zu behandeln.

Freud selber sprach von seiner Theorie als der dritten Kränkung des Menschen (nach Kopernikus und Darwin). Die Vorstellung, dass der Mensch in erster Linie triebgesteuert ist, dass er seinen Verstand häufig nur einsetzt, um sein Verhalten nachträglich zu rechtfertigen, widerspricht unserer Wertschätzung des menschlichen Geistes (vgl. auch 4.6). Vor allem aber macht die Erkenntnis betroffen, von unbewussten Mechanismen determiniert zu werden. Die Angst, von etwas im eigenen Inneren gelebt zu werden, statt zu leben, verbindet sich bei vielen Menschen mit der Theorie Sigmund Freuds.

4.5 Der „gute" Mensch und sein dunkler Schatten

Grundlage: Robert Louis Stevenson: Der seltsame Fall des Dr. Jekyll und Mr. Hyde
Peter Fox: Das zweite Gesicht
Sabine Standenat: Die dunkle Seite der Seele

In der Novelle „Der seltsame Fall des Dr. Jekyll und Mr. Hyde" (1886) von Robert Stevenson geht es um den Arzt Henry Jekyll, der sich daran stört, dass Menschen gemischte Persönlichkeiten sind, mit guten und mit bösen Zügen. Es seien eigentlich zwei Einzelwesen, die aber gezwungener Weise vereinigt lebten und sich gegenseitig an ihrer Entfaltung hinderten. Der Böse könne doch viel ruhiger und sicherer seinem Tun nachgehen, wenn ihn nicht Gewissens-bisse daran hinderten. Der Gute dagegen könne durch konsequente gute Taten glücklich werden, ohne durch böse Züge seines Charakters sein eigenes Selbstbild und evtl. seinen Ruf bei den Mitmenschen zu verfinstern. Jekyll entwickelt ein Getränk, das die beiden Personen in dem einen Körper voneinander trennen soll.

Nachdem er es bei sich selber ausprobiert hat, verwandelt er sich in Mr. Hyde, die böse Seite seines eigenen Ichs. Äußerlich ist er ein hässliches Zerrbild des Arztes und von kleinerer Statur, weil er im Bösen ja noch ungeübt ist. Sein Verhalten ist grausam und selbstsüchtig. Er hat seine Freude daran, andere zu quälen, und kann seine Verbrechen relativ sicher durchführen, weil er offiziell ja gar nicht existiert.

Jekylls Versuch ist aber nur teilweise gelungen. Während Mr. Hyde von Grund auf böse ist, bleibt der Arzt selber gemischt aus guten und bösen Charakterzügen. Schließlich wird es ihm immer schwerer, sich wieder in die Gestalt Dr. Jekylls zurück zu verwandeln, sodass er am Ende der Novelle verschwunden bleibt.

Der Versuch, die beiden Persönlichkeitsseiten voneinander zu trennen, führte also einseitig zu einer Verschiebung der Persönlichkeit ins Negative. Seine Gier nach den „Vergnügungen" und Verbrechen Hydes wurde zu einer immer stärkeren Sucht, die das Gleichgewicht seines Wesens zerstörte. Die beiden Seiten des menschlichen Wesens zeigen sich damit als Kontrollorgane, die die Wirkung der jeweils anderen Seite begrenzen.

Die zweite, negative Seite des Menschen ist auch das Thema des Liedes „Das zweite Gesicht" von Peter Fox (geb. 1971). Fox schildert negative, zerstörerische Verhaltensweisen, die hinterher bedauert werden: bösartige und vernichtende verbale Kommentare, Aggressivität, Betrug im Spiel und Hintergehen von Freunden. Im Refrain wird deutlich, dass das „Biest" immer schon „im Hause" ist und durch die „Käfigtür" nur unvollkommen daran gehindert wird, sich nach außen zu zeigen. Das Biest, das zweite Gesicht, ist nichts Fremdes, das den Menschen anfällt, es ist seines.

Das Lied erinnert an die Erkenntnis des heiligen Paulus, die das Dilemma des Menschen insgesamt verdeutlicht: „Denn ich tue nicht das Gute, das ich will, sondern das Böse, das ich nicht will, das vollbringe ich." (Röm 7,19)

Sabine Standenat erklärt in ihrem Text die Lehre vom Schatten des Schweizer Psychologen Carl Gustav Jung (1875-1961). „Der Schatten ist alles das, was du auch bist, aber auf keinen Fall sein willst." Die Züge unserer Persönlichkeit, die wir für nicht akzeptabel halten und verabscheuen, werden verleugnet und versteckt, bleiben aber in den Tiefen des Unterbewussten erhalten. Wir tragen sie wie eine schwere Last, die unsere Lebenskraft blockiert, mit uns.

Entstanden ist der Schatten in der Kindheit. Um akzeptiert und geliebt zu werden, lernt das Kind, negative Eigenschaften wie Gier, Neid, Rachsucht... zu verbergen. Es lernt, sich eine Maske aufzusetzen und sich als ausschließlich gut zu präsentieren.

Aber auch diese negativen Emotionen sind Träger von Lebensenergie. Wer seine Energie dazu verschwendet, sie zu verdrängen, hat sie nicht mehr zur Verfügung. Und dennoch wird sich das Verdrängte immer wieder bemerkbar machen. Jung sagt: „Ich möchte lieber ganz sein, als gut". Ein wichtiger Schritt wäre, sich einzugestehen, als Mensch unvollkommen zu sein. Wie sich der Lotus aus dem Dreck des Tümpels Nahrung nimmt und an der Wasseroberfläche seine wunderschöne Blüte zeigt, so hilft ein Anerkennen seiner negativen Affekte aus ihnen Kraft und Energie zu schöpfen. Die Energie, die sich zeigen kann, wenn jemand aggressiv auf das Gesicht eines Mitmenschen einschlägt, ist die gleiche Energie, die zur Erzeugung eines Kunstwerkes oder zur Abfassung dieses Buches hier führt. Wichtig ist, diese Energie nicht abzuschneiden, sondern in sinnvolle Tätigkeiten zu verwandeln.

Gefährlich ist auch das Phänomen der Projektion. Menschen neigen dazu, Eigenschaften, die sie bei sich selber ablehnen oder fürchten, bei anderen (einzelnen Personen oder bestimmten Gruppen) zu finden. So entstehen nicht nur Vorurteile, sondern diese gewinnen ihre aggressive Kraft. Seine eigenen negativen Seiten wahrzunehmen und als dazugehörig zu akzeptieren, fördere also gegenseitige Toleranz.

Der französische Schriftsteller und Politiker André Malraux (1901-1976) sagte: „Der Mensch ist nicht, was er glaubt zu sein. Er ist, was er verbirgt."

4.6 Der Mensch – eine Marionette, die denkt, sie sei frei?

Grundlage: Spiegel-Gespräch: Mein Computer lebt
Karikatur: Ohne Titel
Radiosendung: Freiheit, die ich meine
David Klass: Wenn er kommt, dann laufen wir

Der Psychologe Dietrich Dörner ist in einem Gespräch mit Spiegel-Redakteuren aus dem Jahre 1996 der Überzeugung, dass es möglich sein werde, Maschinen (Künstliche Intelligenz) zu bauen, die „menschliche" Gefühle zeigen. Auch die menschliche Seele arbeite als informationsverarbeitendes System, dessen Bauplan mathematisch entschlüsselt werden könne. Letztlich seien es die Neuronengeflechte in unserem Gehirn, die unsere Gefühle hervorbrächten.

Auch Computer verspürten Ärger und arbeiteten dann weniger präzise, sie seien neugierig darauf, neue Entdeckungen zu machen, und hätten Durst, wenn das Öl fehle. Sie hätten aber noch keine eigenständige Sprache, mit der sie ihre Gefühle ausdrücken und darüber reflektieren könnten. Es sei aber bald möglich, Systeme zu bauen, die Sprache und Bewusstsein hätten.

In einer Karikatur sind vier Käfige so (in Kreuzform) angeordnet, dass ein Zwischenraum in der Mitte von ihnen begrenzt wird. Ein Mann in einem der Käfige sagt zu einem Mann in dem Zwischenraum: „Sie habens's gut – Sie sind frei!" Dieser schaut ihn mit großen Augen an.

Obwohl der Mann in der Mitte sich nicht in einem Käfig befindet, hat er genau so viel und genau so wenig Bewegungsraum wie der Mann im Käfig. Ist Freiheit also nur eine Illusion? Oder engt die Unfreiheit unserer Mitmenschen auch uns ein?

Bei einer Reflexion über Freiheit muss zwischen Handlungsfreiheit und Willensfreiheit unterschieden werden. Der Gegenbegriff für Handlungsfreiheit ist Zwang. Freiheit ist also letztlich ein politisch-gesellschaftlicher Begriff. Sie kann eingeschränkt sein durch Gesetze, die bestimmte (größere oder kleinere) Personengruppen von der Partizipation in Staat und Gesellschaft ausschließen. Aristoteles war der Überzeugung, dass bestimmte Menschen von Natur her Sklaven seien, andere dagegen Freie. Vergleichbare Überzeugungen haben über Jahrhunderte hing dazu geführt, dass Sklaverei, aber auch eine gesellschaftliche Hierarchie mit unterschiedlichen Rechten Bestand haben konnten. Seit der Aufklärung sind wir der Überzeugung, dass Freiheit und Gleichheit Ausdruck der Würde jedes Menschen sind. Dennoch hat sowohl die Verfassung der jungen Vereinigten Staaten von Amerika (Frauen, Indigene, importierte Afrikaner) als auch das revolutionäre Frankreich (Frauen, Einheimische der Kolonien) erhebliche Bevölkerungsanteile von der Mitbestimmung ausgeschlossen. Die Menschheitsgeschichte kann man als einen Kampf um die Gewährung der Menschenrechte interpretieren. Und diese Rechte erscheinen denen, denen sie vorenthalten werden, unendlich wichtig, während Menschen, denen diese Rechte selbstverständlich geworden sind, häufig gar nichts mehr damit anfangen wollen.

Freiheit wird aber auch im Alltagsleben durch materielle Zwänge, unterschiedliche Rollenerwartungen und Beeinflussung durch Werbung und Propaganda eingeschränkt. Wer keine entscheidenden Nachteile haben möchte, muss sich an bestimmte Regeln halten. Das führt dazu, dass wir uns im Rahmen dieses Systems für bestimmte Lebensoptionen (beispielsweise einen Beruf oder eine Familienstruktur) entscheiden müssen. Auf andere durchaus realistische Möglichkeiten müssen wir dann verzichten.

Jean-Jacques Rousseau schrieb: „Freiheit heißt nicht, alles tun zu können, was man will. Freiheit heißt, nicht alles tun zu müssen, was man soll."

Wichtiger für unseren gedanklichen Zusammenhang ist die Diskussion, ob Willensfreiheit existiert oder nicht. Gegenbegriff zur Freiheit ist hier Determinismus, eine Festlegung, die mich daran hindert, etwas zu wollen. Wer sein Leben ändern, bestimmte Vorlieben und Verhaltensweisen vermeiden möchte (z.B. eine Nikotinsucht), weiß, dass es zwischen der Erkenntnis, dass dies notwendig ist, und der tatsächlichen Veränderung eine große, häufig unüberbrück-bare Kluft gibt. Durch die Hirnforschung wissen wir, dass Entscheidungen stark von unseren Gefühlen abhängen, dass also das limbische System in unserem Zentralhirn weitgehend unser Verhalten steuert, während sich die (reflexive) Großhirnrinde nachträglich bemüht, unsere Entscheidung zu begründen.

Die Frage, ob eher die genetische Ausstattung oder die Lebensumstände und unsere Sozialisation unser Verhalten bestimmen, wird u.a. durch Beobachtungen bei eineiigen Zwillingen gefördert. Man hat festgestellt, dass Zwillinge, die getrennt aufgewachsen sind und oft lange Zeit nichts voneinander wussten, erstaunliche Gemeinsamkeiten aufwiesen. Allerdings können nur geringfügige Schwankungen im Erbgut oder bei gemachten Erfahrungen von gemeinsam aufgewachsenen Zwillingen zu deutlich unterschiedlichen Verhaltensweisen führen. Kein Klon (und das sind eineiige Zwillinge) gleicht dem anderen völlig. Man kann feststellen, dass die Unterschiede im Verlaufe des Lebens, bedingt durch

Stress, Bildung, Medikamente etc. größer werden. Dagegen setzen sich bei der Intelligenz die gemeinsamen Gene im Laufe des Lebens immer mehr durch, die Zwillinge nähern sich einander an.

Im Jugendroman „Wenn er kommt, dann laufen wir" von David Klass wird eine Unterrichtsstunde in Philosophie geschildert. Der Lehrer, Mr. Tsuyuki, will seinen Schülern mit Hinweis auf Ergebnisse der Hirnforschung vermitteln, dass „Verbrecher" in Wahrheit Opfer des eigenen Gehirns sind.

Bestrafung durch die Justiz (also z.B. Gefängnis) legitimiere sich damit, dass die Täter in der Lage gewesen seien, bewusste Entscheidungen zu treffen. Wir setzten voraus, dass sie gut und böse unterscheiden könnten und sich für das Böse entschieden hätten, obwohl ein anderes Verhalten möglich gewesen wäre. Dagegen seien die Angeklagten gezwungen gewesen, ihre Taten zu begehen. Durch eine Kombination von Veranlagung, sozialem Umfeld und Krankheitssymptomen sei ihr Gehirn so geschädigt, dass es keine Alternative gegeben habe. Statt sie zu bestrafen, solle man das Gehirn therapieren.

In dem Textausschnitt wird deutlich, dass das Rechtswesen, aber beispielsweise auch die Demokratie auf der Annahme beruhen, dass Menschen Willensfreiheit besitzen. Diese

Prämisse aufzugeben, hätte erhebliche Konsequenzen. Ich habe aber Vorbehalte gegen einen sozialen Automatismus, der in vielen Jugendromanen gezeichnet wird. Sicher gibt es Bedingungen, unter denen junge Menschen eher kriminell werden als in anderen Situationen. Aber es gibt genügend Beispiele von Menschen, die dennoch nicht kriminell (oder süchtig etc.) wurden, wie es auch Kriminelle gibt, für die diese Ausgangsbedingungen überhaupt nicht zutreffen. Die Forderung, das Gehirn zu therapieren, d.h. unter Umständen auch zu operieren, macht mir zudem im Hinblick auf ihre Konsequenzen Angst. Diese Lösung ist keineswegs humaner als ein Gefängnisaufenthalt.

Experimente des Psychologen Benjamin Libet (1916-2007) ergaben, dass vor einer bewussten Entscheidung, eine Handlung auszuführen, schon eine Aktivität des Gehirns erfolgt. Das heißt, dass das Gehirn sich schon zu einem Zeitpunkt entschieden hat, als es dem Menschen noch nicht bewusst war. Diese Beobachtung führte dazu, dass viele Hirnforscher die Willensfreiheit des Menschen in Frage stellten.

Menschliches Verhalten vollzieht sich auf der Grundlage chemischer Prozesse. Wenn der Mensch in eine Entscheidungssituation gestellt wird, feuern in seinem Gehirn bestimmte Neuronen bzw. Neuronenverbindungen „um die Wette". Die

Neuronen, die am stärksten feuern, setzen sich durch und bestimmen das Verhalten des Menschen. Der Neokortex (die Großhirnrinde), der für die bewusste Reflexion zuständig ist, erklärt die getroffene Entscheidung häufig erst nachträglich, weil es der Mensch nicht ertragen kann, „sinnlose" Entscheidungen zu treffen, für die er keine Begründung weiß.

Allerdings ist auch das Feuern der Neuronen nicht beliebig. Das Gehirn hat längst vergangene Entscheidungen des Menschen, seine Lebensgeschichte, seine Erfahrungen verarbeitet. Die im Gehirn getroffene Entscheidung „passt" also zu dieser Person. Wenn wir in bestimmten Situationen den Eindruck haben, „aus dem Bauch heraus" entschieden zu haben, dann gibt das diesen Zusammenhang wieder. Nachträglich sind wir oft mit unserem entsprechenden Verhalten sehr zufrieden. Wir erfahren es, trotz allem, als unsere Entscheidung. Da es für den Menschen wichtig war, schnell reagieren zu können (Gegenwehr oder Flucht?), musste eine schnelle Entscheidung auf der Grundlage früherer Erfahrungen getroffen werden. Das menschliche Reflexionssystem war dafür zu langsam. Aber auch in unserem Alltag formulieren wir in der Regel keine Pro- und Kontra-Listen, wenn wir vor einem Problem stehen. Die Aufsatzform der dialektischen Erörterung bleibt eine schulische

Schreibübung, die der Wirklichkeit nicht entspricht. Das Entscheidungszentrum unseres „Unterbewussten" handelt nach Wahrscheinlichkeiten. Es ist nicht so gründlich wie der Neokortex, aber effektiver.

Zudem liegt zwischen dem ersten Feuern der Neuronen und der „bewussten Entscheidung" ein – wenn auch kurzer – Zwischenraum. Das Feuern weckt sozusagen ein Bereitschaftspotential für die Handlung, die aber noch abgebrochen oder verändert werden kann. Das Bewusstsein kann also zum Kontrolleur der eigentlich schon getroffenen Entscheidung werden.

Wer auf der Basis der Hirnforschung grundsätzlich an menschlicher Willensfreiheit zweifelt, übersieht, dass Freiheit nicht Willkür bedeutet. Wir sind nicht irgendwelchen unterbewussten Feuerungen ausgeliefert, sondern entscheiden uns so, wie es uns selber am besten entspricht. Dennoch kann unser Wollen, ebenso wie unser Handeln, im Einzelnen eingeschränkt sein.

Stefan Gärtner (geb. 1965) analysiert die Situation des Menschen in der heutigen Multioptionsgesellschaft. Einerseits hätten wir heute eine fast unbegrenzte Freiheit zu sein, wer wir sein wollen, oder uns auch immer wieder neu zu erfinden.

Andererseits gebe es nach wie vor zahlreiche Rollenerwartungen, die an uns herangetragen werden. Zudem sei unsere Freiheit natürlich durch unser Geschlecht, das Land und die Familie, in die wir hineingeboren wurden, begrenzt.

Wer in einer Situation zahlreicher Wahlmöglichkeiten eine gewisse Einheit der eigenen Identität finden möchte (Wer bin ich eigentlich?), sei gezwungen, seine Wahl zu treffen. Die Menschen hätten die Wahl, sie müssten aber auch wählen. Wir hätten heute „die Freiheit, jemand sein zu müssen". Der Philosoph und Schriftsteller Jean-Paul Sartre (1905-1980) sagte, der Mensch sei zur Freiheit verurteilt. Auch wenn die Formulierung etwas pathetisch ist, trifft sie, was Gärtner – allerdings nur in Bezug auf den heutigen Menschen – sag

4.7 Der moderne Mensch auf der Suche nach Sinn

Grundlage: Verena Kast: ohne Titel
Informationsblatt: Der Wille zum Sinn (V.E. Frankl)

Menschen, deren Leben keine Richtung, kein Ziel hat, werden psychisch krank. Es liegt uns – häufig nur unbewusst – daran, unser eigenes Leben zu leben und unverzerrt in Beziehungen einzubringen. Es soll nicht zufällig und austauschbar sein. Der

Therapeut Ron Smothermon (geb. 1943) sagte: „Jedes Leben birgt in seinem Innersten einen zentralen Wunsch: Dass es etwas ausmacht, gelebt zu haben."

Auch die Frage nach einem objektiven Sinn gehört zum Leben dazu. Hinter dem, was Menschen mit ihren Sinnen erleben, vermuten viele einen tieferen Bereich, der über die Vergänglichkeit hinausgeht.

Der Psychologe Viktor Emil Frankl (1905-1997) war der festen Überzeugung, dass das Gefühl der Sinnlosigkeit beim heutigen Menschen die häufigste Ursache psychischer Erkrankungen sei (anders als beispielsweise die unterdrückte Sexualität zur Zeit Freuds). Beleg dafür sei die „Sonntags-neurose". An den Tagen, die nicht durch Schule oder Beruf strukturiert werden, fielen viele Menschen in eine Leere. Die Zeit zerrinne sinnlos zwischen den Fingern, ohne dass der Mensch einen inneren Antrieb spüre. Frankl spricht hier von einem „existentiellen Vakuum". Um solchen Menschen zu helfen, entwickelte er die Logotherapie (Seelenheilkunde durch Sinnvermittlung).

Frankl unterscheidet zwischen einem Sinn des Ganzen (Übersinn) und dem existentiellen Sinn, der sich auf die einzelne Person bezieht. Nur er kann in der Therapie gefunden werden. Daher bleibt die Sinnsuche der Logotherapie unabhängig von Religionen und Weltanschau-ungen.

Die Person findet ihren Sinn, indem sie in ihrem Leben Werte entdeckt und verwirklicht. Das vollzieht sich immer in der Gegenwart. Der Mensch nimmt im gelebten Augenblick eine der vielen Möglichkeiten wahr und verwirklicht sie. Was er in der Zukunft macht, ist auch abhängig von seiner Wahl im jeweiligen Augenblick. Verwirklichte Werte gehen nicht verloren, sondern bleiben dem Menschen als eine Art innerer Schatz. So sind fünf Jahre meines Lebens, in denen ich intensiv Tanztheater betrieben habe, für mich bis heute sehr wichtig, obwohl ich seit Jahrzehnten in diesem Bereich nicht mehr aktiv bin. Sie gehören zu mir.

Der Sinn des eigenen Lebens enthüllt sich vom Ende, von der Rückschau her. Gerade meine letzten Jahre an der Schule haben meinen durchaus wechselhaften Berufserfahrungen eine innere Gestalt und Folgerichtigkeit gegeben und mich bewegt, in diesem und anderen Büchern meinen Unterricht zu verschriftlichen. Erst der Tod gibt dem Leben dann einen endgültigen Sinn. Die Endlichkeit des Lebens animiert uns dazu, Entscheidungen nicht aufzuschieben, sondern unser Leben in den Griff zu nehmen (carpe diem = Nutze den Tag).

Der Tod erhält seinen Schrecken durch die Erkenntnis, noch gar nicht richtig gelebt zu haben.

Frankl unterscheidet drei Kategorien von Werten, die Sinn vermitteln können. **Schöpferische Werte** sind handlungsorientiert. In Beruf und/oder Hobby schaffen wir etwas, das wir als sinnvoll erkennen und das unseren Mitmenschen (in einem kleinen Segment) das Leben erleichtert. **Erlebniswerte** verwirklichen wir in der Erfahrung von Natur oder Kunst, in Begegnungen mit anderen Menschen oder in Liebe und Freundschaft. Sie geben dem Leben eine „geistige Nahrung". Aber auch der schwer kranke, unbewegliche Mensch kann Sinn empfinden, indem er eine innere Einstellung zu seinem Schicksal findet. Frankl spricht von **Einstellungswerten**, die auch dem rein passiven Menschen bleiben. Er selber schaffte es, in Auschwitz nicht nur sein Leben, sondern auch seine innere Würde zu bewahren und als Person weiterzuleben, die Menschen zugewandt und humorvoll blieb. Über diese Erfahrungen schrieb er das Buch „Trotzdem ja zum Leben sagen".

Sinn zu finden, bedeutet, auf die Fragen, die das Leben einem stellt, zu antworten. Die bestmögliche Antwort zu finden, heißt, Verantwortung zu übernehmen. Das Gewissen ist das Sinn-Organ, das diese Entscheidungen bewertet.

Wenn Schüler mich fragen, worin ich den Sinn des Lebens sehe, treffe ich zunächst eine Unterscheidung zwischen Meta-Sinn (Frankl: Übersinn) und persönlichem Sinn.

Für mich als Christen ist das Leben jedes Menschen dadurch gerechtfertigt und sinnvoll, dass Gott ihn (auch mit seinen Schwächen) gewollt hat und liebt. Diese Erkenntnis vermittelt mir eine innere Gelassenheit, nimmt mir aber nicht die Pflicht, mein alltägliches Leben sinnvoll zu gestalten. Das Verhältnis von Gott und Mensch vergleiche ich mit dem Sims 2-Spiel, in dem ich mich vor Jahren mal versucht habe. Wer Sims 2 spielt, kann in jedem Augenblick die Figuren zu bestimmten Handlungen bewegen und manipulieren, er kann sie aber auch total freistellen und beobachten, was sie von alleine tun. (Im Spiel ist wahrscheinlich eine Mischung dieser Verhaltensweisen sinnvoll.) Gott gibt dem Menschen seinen konkreten Sinn nicht vor, er entlässt ihn in die freie Entscheidung. Es wäre für mich ein fürchterlicher Gedanke, Gott hätte gewollt, dass ich ein fähiger Chirurg oder ein verantwortungsvoller Politiker würde. Stattdessen sei ich „nur" Gymnasiallehrer geworden. Ich bin aber überzeugt, dass es einen solchen Plan Gottes nicht gab. Das heißt aber auch, dass meine konkrete Lebensplanung von meinem Glauben zwar beeinflusst, aber nicht gesteuert wird.

Die Existentialisten (Sartre, Camus u.a.) sind der Überzeugung, dass es Gott bzw. einen übergeordneten Sinn nicht gibt. Gerade deshalb sei der Mensch aber befreit (und gleichzeitig gezwungen), seinem Leben selber einen Sinn zu verleihen, Verantwortung für das eigene Leben zu übernehmen. Von einem völlig anderen Ausgangspunkt her gelangen sie also zu derselben Konsequenz wie ich (und auch Viktor Frankl).

Der persönliche Sinn entsteht für mich aus dem Schnittpunkt zweier Größen: dem eigenen Charakter, der Fähigkeiten und Interessen sowie der Herausforderungen des Lebens. Ich erkläre das an einem Beispiel: Schon früh zeichnete es sich für mich ab, dass ich einen Lehrberuf ergreifen wollte. Meinen Eltern habe ich, wenn ich etwas Interessantes gelesen habe, daraus vorgelesen. In der Schule habe ich gerne Referate gehalten. Ich war eifriger Besucher der Stadtbibliothek und habe dort eine Kulturveranstaltung organisiert. Zudem hat sich im Laufe meiner Schulzeit und in den Jahren danach das Interesse für meine Fächer (neben Religion noch Deutsch und Geschichte) immer mehr verfestigt, aber auch das Interesse für andere Kulturbereiche (Kunst, Klassische Musik) entwickelt. Auch wenn ich erst etwas Angst vor dem Verhalten der Schüler hatte und mit einer Universitätslaufbahn liebäugelte, war der

Lehrerberuf für mich die passende Entsprechung dieser Ausgangslage. Das ist der Bereich persönlicher Diagnose und Planung.

Als ich schon an der Schule war, hat mich die zunehmende Anzahl von Schülern mit Migrationshintergrund (vor allem türkischen) überrascht. Ich musste mich auf diese Situation, die noch nicht meiner eigenen Wohn- und Lebenssituation entsprach, erst einstellen. Eingehend beschäftigte ich mich mit dem Islam und seinem Verhältnis zum Christentum, mit Migration in Geschichte und Gegenwart und mit dem Phänomen des Fremden (auch in mir). Vor allem aber lernte ich meine Schüler kennen und schätzen, lernte, mit ihnen zu interagieren und sie zu interessieren. Mein Interessensbereich wurde breiter. Auf diese Herausforderung konnte ich nur antworten, sie wurde nicht von mir geplant. Oder mit Frankl: Ich habe auf eine Frage des Lebens meine Antwort gefunden. Etwas Ähnliches meinte Susan Wolf mit der Bestimmung: „Sinn entsteht, wenn subjektive Anziehung mit objektiver Attraktivität zusammentrifft."

5 Ist Vergebung möglich?
5.1 Im Bruder sich selber töten

Grundlage: Gen 4,1-16
Sieger Köder: Der verlorene Sohn
Lk 15,11-32
Arbeitsblatt: Das Gleichnis vom Vater und den zwei Söhnen

Ich erinnere mich an das Bild, das ich in der 2. Klasse in meiner Schulbibel hatte: Abel und Kain verbrennen auf Altären ihr jeweiliges Opfer, Abels Rauch steigt steil zum Himmel empor, Kains Rauch dagegen knickt weg und kommt nicht oben an. Und auch der Grund wurde mir vermittelt: Abel habe die besten Tiere geopfert, Kain aber nur den Mist. Wer später zum Mörder wird, muss ja schon von Anfang an gottlos gewesen sein.

Von all dem sagt der Text nichts. Kain betreibt Landwirtschaft, Abel kümmert sich um die Viehzucht, eine Aufgabenteilung, die der damaligen Wirtschaftsweise entsprach. Sich gegen-seitig zu ergänzen und einander zu helfen, wäre dieser Situation angemessen. Stattdessen schaut man mit Neid und Misstrauen auf die Erträge des anderen. Arbeitsteilung schafft auch soziale Unterschiede.

Woran meint Kain zu erkennen, dass Gott sein Opfer nicht beachtet? Es ist nicht der Rauch beim Opfern, sondern der Ertrag, vielleicht im Laufe eines Jahres. An Kains Engagement hat es nicht gefehlt, und dennoch war der Erfolg gering, z.B. wegen einer Dürreperiode. Der Bruder hatte mit seinen Tieren offenbar mehr Erfolg, obwohl er doch auch nicht geschickter ist. Das Leben ist oft ungerecht, von vielen Unwägbarkeiten abhängig, die man nicht oder nur teilweise beeinflussen kann. Der Scheiternde projiziert seine Frustration auf den Erfolgreichen. Der ist schuld, dass ich jetzt so jämmerlich dastehe. Wenn ich ihn los bin, geht es mir besser. Kain ist kein Verbrecher von Anfang an, er wird zu einem, weil er sich seinem verständlichen Ärger immer mehr hingibt und dabei die Folgen nicht bedenkt.

„Bin ich der Hüter meines Bruders?" (Gen 4,9) Diese rhetorische Frage dient als Rechtfertigung vor Gott (seinem eigenen Gewissen?), verdeutlicht aber auch die Haltung, in die sich Kain manövriert hat. Er lehnt jede Verantwortung für den anderen ab, kommt aus der Falle, sich beleidigt zu fühlen, nicht heraus. Nun erlebt er aber, dass ein Leben ohne den anderen sinnlos wird. Ruhe- und heimatlos irrt er umher, immer in der Furcht vor den Mitmenschen. Hatte jemand einen Teil der eigenen Sippe ermordet, wurde er verflucht und ausgestoßen. Das Zeichen, das Gott ihm gibt, kann einerseits als Schutz angesehen werden, andererseits verlängert es auch die Strafe der Familien- und Heimatlosigkeit. Mit dem Mord am Bruder hat sich Kain selber bestohlen, er ist wurzellos geworden.

Das Bild des katholischen Priesters und Künstlers Sieger Köder (1925-2015) vermittelt eine ähnliche Stimmung. Auf der linken Seite und im Zentrum des Bildes umarmen sich zwei Männer. Der eine ist durch einen Gebetsschal als Jude charakterisiert. Er steht vor der offenen Tür eines Hauses. Der von links kommende Mann hat eine einfache Reisetasche mit einer leeren Flasche umhängen, er hat nichts mehr, was er mitbringen könnte. Er schmiegt sich in den Stehenden hinein, krallt sich fast fest. Dieser beugt sich über ihn, bietet ihm Schutz. Beide verschmelzen quasi zu einem Leib.

Rechts, hinter der Ecke des Hauses, dem Eingang abgewandt, steht ein weiterer Mann. Er blickt scheel auf das Geschehen vor der Tür, will nichts damit zu tun haben. Sein Schatten, der auf der Wand zu sehen ist, scheint sich zornig wegzuwenden. Seine Hände sind ineinander verkrampft.

Lk 15,11-32 ist auch eine Brudergeschichte, auch wenn dieser Aspekt häufig übersehen wird. In der Regel kennt man den Text als Gleichnis vom verlorenen Sohn oder Gleichnis vom barmherzigen Vater.

Der jüngere Sohn einer reichen Familie lässt sich seinen Erbanteil im Voraus auszahlen und verlässt damit seine Heimat. Das ist sein gutes Recht. In der Fremde, fernab jeglicher Ermahnung, feiert er Party, bis er alles aufgebraucht hat. Um zu überleben, ist er nicht nur zu niedrigstem Dienst bereit, sondern hütet sogar Schweine, deren Berührung nach jüdischem Gesetz unrein macht. Er ist also sowohl ökonomisch als auch moralisch am Ende.

In dieser Situation entsinnt er sich wieder der Familie. Er will wieder zu seinem Vater zurück, bereit, auf alle Privilegien zu verzichten.

Der Vater hätte allen Grund, ihn zu verstoßen oder ihm wenigstens seine Verachtung zu zeigen. Deutlich genug hatte der Sohn sein Desinteresse an der Familie gezeigt. Er hat ihren Besitz halbiert und dann noch nicht einmal etwas Vernünftiges damit angefangen. Und er kommt zurück wie ein dahergelaufener Landstreicher. Doch der Vater läuft ihm entgegen und nimmt den „verlorenen" Sohn freudig auf, kleidet ihn neu ein und veranstaltet ein Festmahl. Er wird als gleichwertiges Familienmitglied angenommen.

So wie dieser Vater sei Gott, will Jesus sagen. Nicht die Sackgassen, Umwege und Abwege der Menschen seien entscheidend, sie gehörten zum Leben dazu. Entscheidend sei die Bereitschaft, zu Gott umzukehren. Gott komme den Menschen sogar entgegen, bereit, ihnen Versöhnung zu schenken. Wäre es nicht so, hätten wir keine Chance, aber so stehe uns das Tor zu Gott weit offen.

Da ist aber noch der ältere Bruder. Er fühlt sich zurückgesetzt und ist nicht bereit mitzufeiern. War er nicht immer gehorsam? Hat er nicht das Vermögen zusammengehalten? Und hat er dafür etwas verlangt? Aber jetzt werde ihm dieser Tunichtgut gleichgestellt, als hätte seine Mühe nicht eine differenziertere Behandlung verdient. Sein Vater versucht, ihn zu beruhigen. In der Krise benötige man größere Zuwendung. Und es sei doch eine Freude, den Verlorenen wiedergefunden zu haben.

Mit welcher der drei Personen soll sich der Leser identifizieren. Mit dem jüngeren Sohn? Wie er haben die meisten Menschen Krisen durchzustehen, auch Krisen des Glaubens und der eigenen moralischen Integrität. Mit dem Vater? Die Gewissheit, auf Gottes Versöhnungsbereitschaft vertrauen zu können, kann zu einem Neuanfang motivieren. Und wie Gott sollen auch wir unseren Mitmenschen vergeben (Mt 18,21f.). Aber noch deutlicher zielte Jesus bei seinen Zuhörern auf die Person des älteren Sohnes. Er spricht diejenigen an, die sich bemühen, alle Gebote zu halten, denen die Beziehung zu Gott wichtig ist, also die Frommen. Sie neigen dazu, auf die Unvollkommenheit der Sünder herabzusehen, ihre eigenen Schwächen (und sei es die Arroganz) aber nicht zu beachten (Mt 7,3). Das Gleichnis Jesu hat ein offenes Ende. Wie der ältere Bruder reagiert, erfahren wir nicht. So ruft Jesus den Leser des Gleichnisses auf, die Antwort selber zu geben (frei nach Brecht: „... such dir selbst den Schluss!/ es muss ein guter da sein..,").

5.2 Das Mahl der Sünder

Grundlage: Sieger Köder: Das Mahl mit den Sündern
Hans Küng: Christ sein

Auf dem Bild „Das Mahl mit den Sündern" von Sieger Köder aus dem Jahre 1973 erkennt man einen insgesamt dunklen Raum und in dessen Mitte einen hell leuchtenden Tisch. Durch ein Fenster auf der linken Seite ist ein auf einem Felsen erbauter Nachbarort zu sehen. Am Horizont scheint die Sonne gerade unterzugehen.

An dem Tisch sitzen insgesamt acht Personen, deutlich sichtbar sind nur sieben. Sie blicken die achte Person im Vordergrund und damit auch den Betrachter des Bildes an. Die sieben Personen sind eine bunt gemischte Gruppe, haben aber offensichtlich die Gemeinsamkeit, vom Leben gezeichnet zu sein. Welche Sünden sie begangen haben, kann man nur mutmaßen. Rechts vorne ist zunächst ein Jude mit seinem Gebetsschal zu sehen. Er repräsentiert das gläubige Festhalten an der Hoffnung Israels trotz aller Leiden, aber auch Gesetzesstrenge und Intoleranz. Die junge Frau neben ihm mit ausgeschnittenem roten Kleid und offenen Haaren ist wahrscheinlich eine Prostituierte. Neben ihr sitzt, kaum sichtbar, eine tief gebeugte alte Frau. Vielleicht ist sie blind, denn sie sieht als Einzige den Gastgeber nicht an. Das Leben hat ihr die Kraft geraubt, sie innerlich zerstört. Am hinteren Tischende sitzt ein Clown. Das Lachen scheint ihm vergangen zu sein, die Welt kann er nur noch mit versteinertem Gesicht ertragen. Vor ihm steht eine Vase mit einer roten Rose, Zeichen der Liebe, die Leid überwindet. Neben dem Clown sitzt ein Mann mit Brille und Bart, nachdenklich blickend, wahrscheinlich ein Intellektueller. Er denkt über menschenunwürdige Strukturen nach und verzweifelt an dem Versuch, sie zu verändern. Vielleicht ist er auch zu Gewalt bereit. Die neben ihm sitzende Frau mit rotem Kleid und schwarzem Schleier könnte eine junge Witwe aus eher vornehmer Familie sein. Trotz ihrer Witwenschaft ist sie wohl abgesichert, kümmert sich aber nicht um die Not der Mitmenschen. Schließlich sitzt ein Afrikaner mit verbundenem Arm am Tisch. Im Befreiungskampf hat er Gewalt erlitten und wahrscheinlich auch ausgeübt.

Von der Person des Gastgebers sind nur die Hände zu sehen. Sie segnen Brot und Wein und sind offen für die Aufnahme der Gäste. Jesus ist der Gastgeber, der zwischen diesen unterschiedlichen Menschen Gemeinschaft schafft, der bereit ist, sich für sie hinzugeben. Er schenkt die Liebe, die die Rose verheißt. Ihn schauen die Gäste an, sehnsüchtig, in ihm jemanden zu finden, der sie innerlich frei macht, der ihrer Leidensgeschichte einen Sinn verleiht. Und sie sehen damit auch den Betrachter des Bildes an. Er wird eingeladen, an die Stelle Jesu zu treten, dessen Hände zu seinen zu machen. Er wird aufgerufen, angesichts seiner eigenen Schwäche andere Menschen mit ihrer Schuld anzunehmen, ihnen Gemeinschaft anzubieten.

Eine Malerei an der dunklen Wand des Speisesaals zeigt das Gleichnis vom barmherzigen Vater (vgl. 5.1). Er umarmt seinen Sohn, bereit, ihm alles zu verzeihen. So wie Gott dem Sünder neue Heimat gewährt, so sollen auch wir offen auf unsere Mitmenschen zugehen und bereit sein, ihnen zu vergeben (Mt 6,12). Die meisten Menschen (zur Zeit Jesu und heute) werden sich sehr überlegen, mit wem sie sich an einen Tisch setzen.

Miteinander zu essen, schafft Gemeinschaft, miteinander und auch vor Gott, d.h. es kann einen auch kompromittieren. Über diesen Vorbehalt setzte sich Jesus aber souverän hinweg und gewinnt damit Freunde – und Feinde unter den „Frommen".

Vergebung der Sünden kennt das Judentum auch, aber es setzte eine Anstrengung des Sünders voraus: Umkehr, Wiedergut-machung, Halten des Gesetzes. Eine solche Neuausrichtung würde von Gott belohnt. Jesus aber verkündete einen Gott, der den ersten Schritt macht, ohne jede Vorleistung des Sünders. Dieser müsste nur bereit sein, das Geschenk anzunehmen. Ist das nicht eine Ungerechtigkeit gegenüber denjenigen, die sich immer schon um die Gesetzestreue mühten? Ein Skandal?

Aber „es gibt eine Schuld der Unschuldigen: wenn sie meinen,- Gott nichts schuldig geblieben zu sein. Und eine Unschuld der Schuldigen: wenn sie sich in ihrer Verlorenheit gänzlich Gott ausliefern." (Küng) Die Sensibilität für die eigene Schuld macht den Menschen toleranter für die Schuld der anderen. So kann die Vergebungsbereitschaft Gottes durch den vergebenden Menschen abgebildet werden. Die Kirche Christi ist in ihrem Kern eine Vergebungsgemeinschaft. Freilich ist sie sich dessen zu selten bewusst.